domaine arabe

collection dirigée par
René R. Khawam

DÉSIRS DE FEMME

'ABD AL-RAHÎM AL-HAWRANÎ

DÉSIRS

DE

FEMME

Édition établie sur les manuscrits originaux
par
RENÉ R. KHAWAM

PHÉBUS

INTRODUCTION

*On s'est parfois étonné de nous voir dépenser tant de temps à remettre au jour des textes d'un autre âge. Nous avons souvent eu envie de répondre qu'il nous arrivait de trouver dans ces œuvres hors de temps plus d'*actualité *– ou plus de richesses à même de nourrir notre actualité – que dans bien des écrits modernes supposés s'adresser à leur siècle. Témoin le livre qu'on va lire, qui malgré ses six cents ans possède une fraîcheur, une verdeur, une sève qui lui donnent l'air d'être né du dernier printemps, et surtout une libre façon d'aborder telles questions dont nous n'avons toujours pas fait le tour, une indépendance de ton et de propos que notre époque, nous semble-t-il, gagnerait à méditer.*

Que ce petit ouvrage dont le lecteur découvrira bientôt la sidérante singularité fasse au surplus voler en éclats quelques-unes des idées reçues les mieux ancrées que l'Occident persiste à entretenir à l'endroit de l'Islam n'est pas, on s'en doute, pour nuire à notre plaisir. Ce n'est pas notre première rencontre avec le dénommé 'Abd al-Rahîm al-Hawrânî. Nous avons, il y a peu, traduit et publié de ce contemporain de Boccace un recueil de contes assez irrévérencieux qui déjà donnait le beau rôle à ces dames et roulait vigoureusement dans la farine les porteurs de barbe : Les Ruses des femmes [1]. *Et nous avions donné dans notre*

---

1. Phébus, Paris, 1994.

introduction à cette première compilation les quelques préci-
sions – ou imprécisions – biographiques que nous avions pu
réunir concernant son auteur (originaire du Sud de la Syrie). Il
existe à la Bibliothèque Nationale tout un ensemble de manus-
crits[1] *où l'on reconnaît sa main. On y trouve encore – outre les*
Ruses que nous venons de dire – quelques récits curieux consa-
crés aux Dames qui ont marqué l'histoire (entendons l'histoire
de l'Islam), et en particulier aux femmes du Prophète; on y
trouve enfin et surtout le bref « roman » qui forme la matière du
présent volume, où la femme mieux que jamais occupe le devant
de la scène : texte qui tranche avec une tranquille insolence sur
toutes les productions « orthodoxes » de son temps.

Les guillemets que nous venons d'employer s'imposent ici pour
deux raisons : d'abord l'époque – à peu près notre XIVᵉ siècle – est
propice aux renversements d'autorité comme aux renversements
de valeurs (en terre d'Islam tout au moins); ensuite Hawrânî,
trop fine mouche pour s'en prendre de front aux bien-pensants,
a l'astuce de conduire son affaire en y mettant les formes – c'est-
à-dire en commençant par ménager le Ciel et les enturbannés
préposés à Son service... ou plus exactement en les laissant
croire qu'il les ménage.

Les deux premiers chapitres de son récit donnent même des
gages aux tenants des formes traditionnelles. Une jeune femme
répudiée par son saint homme d'époux décide de gagner sa vie
en vendant aux puissants de ce monde de jolies esclaves qu'elle
a formées à sa façon. La beauté en effet ne lui suffit pas et elle se
flatte de faire de ses jeunes élèves des parangons d'intelligence,
d'érudition, de sagesse – bref, de les rendre aptes à pratiquer
toutes les sciences, tous les arts... et non point seulement ceux
de l'alcôve. Bien sûr, avant de délier leur bourse, les acheteurs
– qui sont sultans ou gouverneurs de province, pas moins – y
regardent à deux fois. Il faut leur faire toucher du doigt, si l'on
ose dire, les vertus de la marchandise proposée à leur bon plai-
sir. On met donc nos aimables savantes à l'épreuve, et le livre

---

1. Se reporter à ce sujet à notre introduction aux *Ruses des femmes*.

s'ouvre, comme il est assez traditionnel dans la prose arabe, par quelques concours de savoir et de bel esprit fort plaisants, ma foi, et souvent fort libres d'allure, mais qui ne sortent guère de l'ornière tracée par des générations de beaux discoureurs : on parle, on discute, on dispute, on argumente, on contre-argumente, et le récit avance tout juste de quelques pas. Ces quelques pas ont beau nous conduire du Yémen au Caire et du Caire à Damas, on se dit qu'à suivre cette caravane de phrases bien agencées, on ne risque pas de s'égarer.

Erreur! Damas était une fausse piste. Notre experte en maque-rellerie culturelle et spirituelle n'y donne un festival de saintes paroles (c'est la partie la moins amusante du livre) que pour mieux égarer les gogos toujours prêts à gober ce que leur servent les tartuffes de service, lesquels (ou lesquelles) sont capables de mettre dans leur sac jusqu'au gouverneur – un coriace pourtant. A la fin du chapitre on se dit qu'on a affaire à une belle intri-gante qui profite de la crédulité publique – et du saint respect qu'inspirent les cagots toujours prompts à étaler leur faux ascé-tisme sous le nez des dupes – pour monter d'admirables escro-queries (et c'est vrai) : une femme sans morale ni vertu sincère, dont l'unique souci est de s'emplir les poches (et c'est faux).

Tout s'expliquera un peu plus tard lorsque nous retrouverons la rusée établie chez les Grecs de Byzance, toujours à la tête de ses six esclaves savantes, mais dirigeant cette fois un « couvent » qui n'a rien à envier à Thélème. Les six plus une (nous sommes sous le signe des Pléiades) sont devenues chrétiennes, ou passent désormais pour telles, sans en avoir l'air plus troublées que cela. Mais leur belle maîtresse n'en est plus à invoquer le Ciel. Nous la voyons, nous l'entendons, incrédules d'abord, puis amusés, puis médusés, professer un credo que l'on peut sans excès qua-lifier de libertin – au sens héroïque où l'on entendait ce mot au XVIIe siècle plutôt qu'à celui, édulcoré, qu'on lui prêtera au siècle d'après. Dieu n'est pas tout à fait absent, mais on développe sous son regard une manière très émancipée d'envisager la reli-gion, la morale, la politique, les mœurs surtout.

L'apprendra – à ses dépens d'abord, puis pour son plus grand *bien – le fils du sultan de Baghdâd en personne, jeune chevalier accompli parti guerroyer en terre grecque et qui se retrouve comme un chien dans un jeu de quilles au milieu de nos donzelles. L'infortuné garçon ne comprend pas ce qui lui arrive et subit entre leurs mains humiliation sur humiliation : ces péronnelles le battent à plates coutures dans tous les domaines où les hommes sont censés exceller, pugilat et métier des armes compris. Et en plus, elles sont chrétiennes !*

N'en révélons pas plus, car l'auteur nous réserve encore quelques surprises – même s'il nous laisse deviner que tout finira bien. A ceci près que la fin attendue n'est pas la fin. C'est même là que le livre ouvre grand ses voiles ! Tout le monde s'est transporté à Baghdâd. Les chrétiennes sont redevenues de bonnes musulmanes, on s'aime, on va s'épouser. Va-t-on se contenter ensuite de faire quantité de beaux enfants ? Que nenni ! On a laissé derrière soi la maquerellerie, on est l'épouse respectée du fils du sultan, mais l'on ne renonce pas pour si peu à faire valoir ses idées – ni les droits de son sexe. Ce qui vaut au lecteur un débat – éblouissant cette fois – où hommes et femmes s'empoignent, s'insultent, se disent tout par avocats interposés ; où fusent sans interruption hardiesses langagières de haut vol (la poésie est bien sûr au rendez-vous) et trivialités du plus bas étage, traits assassins et tirades de grand panache, pensées sublimes et vacheries carabinées. Bref le grand déballage, la guerre des sexes à fleurets non mouchetés.

Certes, l'auteur triche – et on l'en remercie. Il a choisi son camp, et nous avec lui, même s'il se garde bien de nous en faire l'aveu. On sort de cette joute la tête passablement ivre, estomaqué par la moderne audace de ce que l'on vient d'écouter (dans la bouche de l'avocat de ces dames, s'entend), et l'on s'apprête à gagner la sortie dès le rideau tombé en titubant un peu, quand l'ordonnatrice de cette dispute grandiose, la maîtresse-de-tous-les-cœurs, monte sur les planches, réclame un peu de silence... et nous livre en guise de point d'orgue un conte de son cru (l'histoire couvre à elle seule un bon quart du livre) qui rivalise avec les plus belles pages des Mille et Une Nuits *!*

La dernière page tournée, on s'interroge : comment une œuvre aussi déroutante, aussi originale, aussi inspirée, a-t-elle trouvé le moyen de mettre six siècles avant de parvenir jusqu'à nous ? D'autant que les manuscrits où elle est consignée, même s'ils ne sont pas toujours aisés à déchiffrer, sont depuis longtemps connus. Les Arabes eux-mêmes, qui ont puisé dans le corpus de l'admirable Hawrânî pour en farcir sans vergogne leur édition des Mille et Une Nuits (celle de Boulâq, réalisée en 1835 sous l'œil puritain des censeurs de l'université d'al-Azhar au Caire), n'ont pas hésité à mélanger à son récit celui d'un autre roman qui n'avait rien à voir avec lui, jusqu'à en tirer (c'est l'épisode de l'« Histoire d'Omar al-Nou'mâne ») un produit de synthèse tristement expurgé, résumé, souvent incohérent. Certes, c'était là rendre à son livre le plus bel hommage : celui de Schéhérazade. Mais c'était le trahir à en faire se retourner le pauvre auteur dans sa tombe. Galland dans son édition des Nuits (cent ans avant le massacre du texte perpétré à Boulâq) a bien sûr ignoré cet « emprunt » ; mais Mardrus au siècle suivant l'a tranquillement repris à son compte, et après lui tous les autres traducteurs jusqu'aux plus récents – lesquels ne peuvent cependant ignorer qu'ils utilisent là des sources qui n'ont aucun rapport avec le texte authentique des Nuits. Sans doute l'imaginaire de Hawrânî a-t-il un air de cousinage avec celui de l'auteur anonyme des Nuits (qui a dû œuvrer, lui, un siècle plus tôt[1]). Mais ce n'est pas une raison pour mettre leurs deux œuvres dans le même sac. Confusion d'autant plus regrettable, nous semble-t-il, et d'autant plus urgente à démêler, que l'un et l'autre s'ingénient à portraiturer, sous le couvert de la fantaisie, leur époque et nulle autre.

Au moment où Hawrânî écrit, les croisades ont pris fin et Baghdâd, pillée par les Mongols en 1258, n'est plus le centre politique du monde arabe. C'est désormais par les Turcs, maîtres de l'Anatolie, que Syriens et Égyptiens seront en contact

---

1. Se reporter à ce sujet à l'introduction de notre édition des *Mille et Une Nuits*, établie à partir des seuls manuscrits originaux (Phébus, 1988-1989, 4 vol.).

avec les Grecs de Byzance, à la fois ennemis héréditaires et par-
tenaires commerciaux (l'épisode du « couvent » s'en fait l'écho).
C'est de même par l'intermédiaire de Turco-Mongols plus ou
moins islamisés qu'ils reçoivent les produits de la Chine, de l'Inde
et des Iles de l'Orient extrême – la soie, l'ambre, le camphre, les
épices, les bois rares (le prince 'Ali Tchelebî, héros du conte qui
clôt l'ouvrage, est d'évidence l'un d'eux).

  Époque tout à fait passionnante et terriblement mouvementée.
Les villes tremblent devant la menace des peuples de la steppe
– qui se laissent pourtant islamiser sans trop de réticence –, les
plus solides dynasties s'effondrent, d'anciens esclaves, de
simples mercenaires (les Mamlouks) s'emparent du pouvoir et
parviennent à le garder tout en se massacrant les uns les autres
derrière les murs de leurs palais, des sociétés truandes puissam-
ment organisées (on y fait aussi allusion dans ces pages) font la loi
dans les faubourgs des grandes cités, des prédicateurs appellent
les miséreux à la révolte... et les femmes elles-mêmes, pour la
première fois, donnent de la voix ! Les Mille et Une Nuits *déjà*
les faisaient parler sans trop de précautions par la bouche de
leur ambassadrice Schéhérazade. Hawrânî va plus loin : il leur
ouvre une tribune, leur souffle des revendications, leur distribue
des armes.

  Qu'on ne se méprenne pas en effet : s'il est conduit, surtout
aux deux premiers chapitres de son texte, à ménager la suscep-
tibilité des religieux (encore que l'épisode de Damas tourne pour
finir au franc camouflet administré à tous ceux qui prêchent au
nom du Ciel), il finit, porté sur les ailes de son histoire, par
annoncer clairement la couleur. Ce n'est que passé le mitan de
l'œuvre qu'il consent à nous livrer le nom de son héroïne, mais
dès cet instant on comprend qu'il n'ira plus par quatre che-
mins : elle s'appelle Hourra (« Libre »), et sitôt nous fait savoir
qu'à l'inverse de ce que nous avions pu penser d'elle, elle se sou-
cie comme d'une guigne de l'argent (même si elle s'entend à le
faire venir à elle – car elle n'est point sotte), du rang, des hon-
neurs ; son seul souci, c'est son indépendance. Et elle précise,
pour ceux qui feindraient d'avoir mal entendu : indépendance

d'esprit, indépendance de mœurs, indépendance de corps. L'autorité qu'elle reconnaît? Celle de Dieu, pourvu qu'on la laisse s'y soumettre à sa façon, à la clarté de ses seules lumières. Et celle de l'amour : la grande affaire de sa vie. Le reste? Du vent. Le pouvoir légal de l'époux? Rien qui compte, s'il n'est pas frappé du sceau de la passion partagée. Celui des princes, des puissants? Une farce, une imposture qu'on a tort de prendre au sérieux et qu'elle ne perd aucune occasion de tourner en ridicule. Celui des religieux? Un abus de confiance. Elle ne se sent même, pour tout dire, d'aucune communauté, d'aucune famille, d'aucune nation, passant de l'islam au christianisme (et vice-versa), et de Byzance à Baghdâd, sans avoir le moins du monde le sentiment de trahir : et quelle trahison y aurait-il là, puisque, en allant d'un lieu à l'autre, d'un monde à l'autre, elle entend d'abord rester fidèle à elle-même, récuser la dépendance, affirmer un choix.

Rassurons tout de suite le lecteur : ce qu'elle revendique, elle a le bon goût de ne pas nous l'assener sous forme de profession de foi, elle se contente de le vivre. L'histoire de Hourra n'est pas une leçon de liberté, c'est un rêve de liberté : nous laissons aux bons esprits le soin de deviner laquelle de ces deux voies convient le mieux à la littérature. Lorsqu'elle donne la parole à l'avocat chargé de défendre sa cause (celui qui argumente pour la partie adverse n'est pas trop brillant, et on lui mesure au reste assez chichement son temps de parole), ce n'est pas pour théoriser mais pour nous rappeler au contraire qu'elle nous parle d'un point de vue singulier, intime : celui de son bon plaisir, de sa libre jouissance. C'est au point que son vivant porte-voix en oublie parfois le sujet qu'il est censé traiter (l'excellence de la femme), et là où le lecteur attend un noble catalogue des vertus féminines, on lui sert un brûlot tout prêt à jeter contre le bel édifice du mariage, ou un descriptif détaillé des meilleures pratiques érogènes. A quoi l'avocaillon de la maison d'en face (celle des hommes) se croit obligé de répondre en se faisant le thuriféraire du conjungo et le contempteur du plaisir – tant pis pour lui, l'imbécile!

Car l'homme – et surtout l'homme marié – est clairement désigné ici comme l'universel rabat-joie. Mieux, au nom d'un curieux hédonisme ascétique (mais oui !) qui renverse les valeurs cul pardessus tête, et puisque la recherche rigoureuse de la volupté nous convie à ranger pouvoir, ordre, bonne tenue dans la catégorie du faux-semblant, c'est l'homme, pour une fois, qui se trouve affublé des oripeaux de la frivolité (on va même jusqu'à l'accuser, ce qui est rare, d'être plus pipelette que sa moitié !).

Est-ce à dire que l'auteur, sans oser franchement nous le dire, rêverait de remplacer la tyrannie des porteurs de barbe par celle des porteuses de pantalons bouffants ? Hawrânî devance l'objection : non, il a simplement voulu nous rappeler que partout où la société impose ses règles, elle impose ses masques. Pouvoir et dissimulation sont les deux faces d'une même réalité, et l'hypocrisie est le meilleur ciment de la paix sociale. A la femme, donc, à la grande perturbatrice d'arracher les voiles déployés par Tartuffe, de montrer à nu les corps et les cœurs. Et pour mieux faire éclater le grotesque des fausses pudeurs, des fausses piétés, des fausses identités, elle va mener le bal tambour battant, passant sans cesse d'un déguisement à l'autre, promenant tour à tour sa liberté dévastatrice sous le brocart de la courtisane, la bure de l'ascète, la cotte de mailles du guerrier, elle-même indifféremment mâle et femelle – et excellant dans les deux rôles.

Ainsi nous est-il murmuré que l'identité est toujours chose factice, changeante, trompeuse – comme est aussi l'apparence –, puisque fondée sur une appartenance de principe, non sur une mise à l'épreuve (mot clé de la philosophie « hawrânîenne »). Car la liberté dont il est ici question, pour dérangeante qu'elle soit, n'est en rien laxisme, mais tout au contraire patiente recherche de perfectionnement intime, pur « exercice de soi-même ». La référence insistante aux courants religieux les moins dogmatiques, à la philosophie grecque, aux vertus de la simple raison, révèle au reste, derrière les séductions d'un récit volontiers gouverné par le phantasme, l'existence sinon d'un projet, du moins d'une ligne de pensée. Il s'agit dans tous les cas de laisser parler en soi l'esprit de vérité, le droit jugement, sans *tenir compte de la gesticulation des gens de religion; de donner libre champ à la Parole de Dieu en la dispensant de recueillir les certificats d'authentification décernés par les spécialistes « autorisés ». Bref, à lire Hawrânî, on n'est pas loin de voir à l'œuvre une sorte d'islam du libre arbitre – non forcément opposé, pourtant, à certaine tradition initiatique (nous sommes en Orient!). Un islam au rebours de tout ce que cette religion est supposée véhiculer aux yeux de l'Occident – mais qui sait ce que l'islam, en sa richesse et sa diversité, est capable de véhiculer!*

L'Occident, parmi ses superstitions, tient par-dessus tout peut-être à celle-ci : il serait, à l'en croire, le seul lieu au monde où se puisse acclimater l'esprit de liberté. Il pourra admirer les autres cultures, les autres traditions, leur consentir la sagesse, le raffinement, la grandeur même. Il leur refusera toujours le génie du libre mouvement, de la libre impulsion, de la libre pensée. Et pourtant en quelle œuvre d'aujourd'hui, fond et forme mêlés, autant qu'en celle que l'on va lire ici, est-il traité de ce grave sujet – la vieille guerre que se livrent l'homme et la femme – avec autant d'aise et si peu de contraintes? Dans laquelle, invoquant le Ciel à tout bout de champ (Dieu, son Prophète, ses glossateurs), on accouplera avec autant de bonheur poésie et trivialité, sublime et bouffonnerie, rire et larmes? Shakespeare – celui de Peines d'amour perdues – savait faire cela : il est à cet égard (et à quelques autres) le plus oriental de tous les poètes de l'Occident. Il semble hélas qu'avec les siècles sa manière s'est un peu perdue, comme une eau qui s'épuise et retourne au désert. Essayons d'en retrouver la source en ces pages, un peu plus à l'est qu'il ne nous est coutumier : on verra qu'elle n'est pas mauvaise à boire.

Suresnes, 2 avril 1996
RENÉ R. KHAWAM

I

LES RIVALES DU CAIRE

Un homme que l'on comptait parmi les amis de Dieu possédait une charmante épouse qu'il aimait d'un intense amour. Un jour, il venait tout juste d'entrer en prière et se trouvait en train de réciter le chapitre liminaire du Qoran quand, parvenu à la parole du Très-Haut qui proclame : « C'est Toi que nous adorons »[1], il entendit une voix. Et cette voix était celle de Quelqu'un qui lui disait :

– Tu en as menti. C'est ton épouse que tu adores.

Interrompant dans l'instant son oraison, il s'en retourna chez lui, répudia sa femme et lui fit compter, sur l'argent de sa dot, le dédommagement légal auquel elle avait droit. Puis il reprit le chemin de la mosquée.

Il était de nouveau plongé dans sa récitation du premier chapitre du Livre et venait à peine de prononcer les mots : « C'est Toi que nous adorons », qu'il entendit résonner la même voix. Et le même Quelqu'un lui disait :

– Tu en as encore menti. Tu adores aussi tes vêtements.

Et c'était vrai : il se savait un faible pour les riches parures. Interrompant une fois de plus sa prière, il regagna sa demeure, abandonna les brillants habits dont il était si fier, endossa

1. Qoran, I (1), 5.

quelques nippes usagées qu'il gardait dans un coin, s'empressa de mettre en vente sa garde-robe et fit distribuer aux pauvres l'argent qu'il en put tirer. Ayant fait, il estima qu'il pouvait s'en retourner à sa prière.

Il reprit le premier chapitre du Qoran, prononça une fois de plus les paroles du verset : « C'est Toi que nous adorons », et entendit encore la voix qui s'adressait à lui. Et le même Quelqu'un, cette fois, lui disait :

– Tu en as menti. Tu adores aussi ton cheval.

Derechef il suspendit son invocation, se hâta jusque chez lui, prit son beau coursier par la bride et s'en alla le vendre au marché. Avec l'argent qu'il en tira, il s'acheta une ânesse, et ce qu'il lui restait de la vente fut versé entre les mains des indigents.

De retour à son oratoire, il se remit en prière, prononça la parole du Très-Haut : « C'est Toi que nous adorons », et prêta l'oreille à la voix familière. Et le Quelqu'un qui parlait par cette voix à ce moment lui dit :

– C'est maintenant, et maintenant seulement, que tu adores le Dieu Très-Haut.

Ainsi donc, Dieu Lui-même – qu'Il soit exalté ! – avait tenu à manifester sa jalousie à l'endroit des sentiments intimes de celui qui se voulait son ami – que Dieu le prenne en son agrément et nous accorde ses faveurs par l'intermédiaire de ce saint homme !

On se souvient que la même exigence divine avait pesé jadis sur les épaules d'Abraham – que sur lui soit le salut ! –, cet ami intime de Dieu, le jour où le Très-Haut lui avait lancé l'avertissement que l'on sait :

– Ô Abraham, que tu sois mon ami intime ne doit pas t'induire à te leurrer. Je t'affirme, par ma Puissance et ma Gloire, que si un jour, examinant le fond de ton cœur, je le trouve occupé à aimer une autre personne que Moi, je t'arracherai du corps le vêtement de Prophétie.

Nous ne faisons que rapporter ici un propos transmis par la Tradition. Nous pourrions en citer d'autres dans le même sens, mais ils sont si nombreux que la place nous manquerait. Bornons-nous à rappeler encore cette anecdote, telle que la rapporte le chef de la prière Ibn al-Djawzî[1] dans son livre *Le Blâme de la passion d'amour* (*Dhamm al-hawâ*) – et notons qu'elle provient, par voie de Tradition, de Mous'ab, fils de 'Othmâne. La voici :

Soulaymâne Ibn-Yasâr[2] passait parmi tous les habitants de sa ville pour avoir le plus beau visage. Un jour entra chez lui une femme qui lui avoua sa passion et le supplia d'abandonner avec elle son corps à l'amour. Pour toute réponse, il ouvrit la porte et s'enfuit de sa propre demeure. Un peu plus tard, le même Soulaymâne devait livrer cette confidence :

– A l'issue de cet incident, je reçus en songe la visite de Joseph le Sincère[3] – que le salut soit sur lui ! – lequel s'adressa à moi en ces termes : « Belle opération pour moi, et non moins pour toi : moi aussi, en mon temps, j'ai été provoqué par une femme, mais avant de lui résister, je n'ai pu me retenir d'exciter son trouble. Et voilà que toi, tu lui résistes sans même céder un instant au désir de l'exciter ! »

En ce temps-là vivait au Yémen un homme qui comptait parmi les plus fortunés de son époque, et cet homme décida un jour de partir en voyage à destination du Caire, la ville triomphante, où il comptait s'installer. Il emmenait avec lui sa famille, ses richesses et toute une escorte de parents et de proches. Son chemin venant à croiser celui de la jeune épouse tout juste répudiée par l'ami de Dieu – ce saint homme épris de mysticisme dont nous venons de parler –, il résolut de l'associer à son voyage et de partager avec elle le fruit des affaires qu'il leur adviendrait

---

1. 'Abd al-Rahmâne Ibn al-Djawzî, écrivain fondamentaliste né en 1116, mort en 1200. Les pieux compilateurs de l'édition arabe des *Mille et Une Nuits* publiée à Boûlâq, près du Caire, en 1835, ont largement pillé son œuvre pour en farcir leur texte.

2. Esclave affranchi de Maymoûna, l'une des femmes du Prophète ; il fut, aux premiers temps de l'Islam, un jurisconsulte écouté.

3. Le Joseph de la Bible, que tenta de séduire la femme de Putiphar (Genèse, XXXIX).

de réaliser ensemble. C'est ainsi que, parvenus au Caire et son-
geant à y établir un commerce d'esclaves-femmes, tous deux
résolurent de s'aller présenter devant le sultan d'Égypte.

L'honorable négociant yéménite possédait six jeunes esclaves
belles comme la lune en son plein : la première avait la peau
blanche, la deuxième était brune, la troisième d'un plaisant
embonpoint, la quatrième mince comme une liane, la cinquième
au teint d'ambre, et noire était la sixième. Ajoutons que toutes
arboraient de charmants visages, avaient reçu la plus parfaite
éducation et se trouvaient expertes dans l'art du chant et des
divers instruments de musique.

Avant que de prendre le chemin du palais, leur maître, soucieux de juger exactement de leurs talents, les manda à comparaître toutes ensemble devant lui et leur fit servir un souper où ne
manquaient ni les mets délicats ni la boisson généreuse. Tout ce
monde mangea et but comme il convenait, trouva le temps délicieux et se laissa bientôt aller aux plus doux transports de la joie.

Plus avant dans la soirée, le maître remplit la coupe, la prit
dans sa main et la leva en direction de l'esclave blanche, à qui il
adressa ces mots :

– Ô visage de lune en sa plénitude, fais-nous donc entendre de
quoi augmenter encore notre plaisir !

Alors la fille prit son luth, l'accorda avec soin, et improvisa
des airs si merveilleux que les murs de la salle en semblaient
danser d'allégresse. Quand sa musique eût ravi tous les cœurs
des présents, elle chanta les couplets suivants :

> J'ai un ami dont la simple silhouette
> fait partie des délices que ce monde parfois
> consent à offrir à mes yeux. Son nom est inscrit
> dans la chair la plus secrète de mes membres.
>
> Quand j'évoque son souvenir,
> tout en moi devient cœur.
> Quand je contemple son image,
> je ne suis que regard.

« Ne vas-tu pas l'oublier ? »
persifle celui qui croit pouvoir me blâmer.
A quoi je réponds : « Un oubli qui n'a pas lieu d'être,
saurait-on le faire exister ?

Toi qui joues si bien les censeurs,
va et me laisse en paix :
te crois-tu capable de rendre facile
ce qui pour moi ne le sera jamais ? »

Transporté par ces vers, le maître porta la coupe à ses lèvres et y fit boire ensuite toutes les filles assemblées ; puis, l'ayant de nouveau remplie, il la leva en hommage à l'esclave brune :

– Ô toi, lumière des feux nomades, toi dont le souffle embaume, fais-nous entendre ta voix, et veille à imposer sa séduction à tous ceux qui t'écoutent.

Le luth passa entre les mains de la brune enfant, qui en fit jaillir une musique propre elle aussi à mettre en joie l'assistance et le lieu même qui s'en faisait l'écho. Tous les cœurs se tournaient vers elle, vers son chant.

Par la vie de ton visage,
sache qu'en dehors de toi et jusqu'à l'heure dernière
je ne saurais aimer ; et pas plus ne saurai
trahir l'amour qui de toi viendrait.

Ô lune en son plein, tout juste couverte
d'un voile de beauté,
toutes les perfections marchent
sous ton étendard.

Ta grâce surpasse ce à quoi l'esprit
est capable de donner un prix.
Est-ce à dire que Dieu, le Maître des mondes,
t'aurait tout donné gratuitement ?

Comblé d'aise par ces vers et par le chant qui les portait, le maître but encore à la coupe et convia les filles à faire de même à sa suite. Puis on fit couler la boisson, que le maître offrit cette fois du geste à l'enfant toute en rondeurs, en lui intimant l'ordre de faire chavirer sens dessus dessous tous ses désirs. La jeune main, sitôt au contact du luth, dissipa l'angoisse qui demeurait dans les cœurs; puis elle fit entendre son chant :

Pourvu que ton plaisir ne mente pas,
ô toi, l'objet de ma recherche,
que m'importe si tous les autres
me poursuivent de leur courroux !

Quand tu montres sans rechigner
ton visage où ne se lit que la beauté,
celui de tous les rois du monde
peut bien rester caché !

Je n'ai souci que de ton agrément,
qui plus que tout trésor m'est cher,
ô toi dont la perfection
est source de toutes les autres !

Allégresse à la ronde, coupe circulant de mains en mains : le maître puis ses servantes l'une après l'autre burent encore. Et encore coula la boisson, et encore fut brandie la bonne liqueur : cette fois en l'honneur de la plus svelte.

— Ô toi qui ressembles aux filles du Paradis, donne-nous à entendre tes paroles, et qu'elles soient parfaites.

Quelques accords sur le luth en guise de prélude, puis les doigts enchaînèrent diverses mélodies, puis ce fut le chant :

Que de tourments, sur la voie
tracée par Dieu, m'avez-vous fait supporter !
Pourquoi cette constance dans le refus,
lorsque vous n'ignorez point que sans vous je ne puis vivre ?

N'y aurait-il pas un Juge de l'amour
capable d'instruire notre procès ?
Nul doute, il me rendrait justice et vous réclamerait
un peu plus d'équité.

Ce furent encore des cris de joie et des libations – et toutes les servantes, cette fois encore, y firent honneur. Et puis une nouvelle coupe fut remplie, destinée celle-ci à saluer la fille à la peau couleur d'ambre, couleur d'or.

– Toi, le soleil du jour, réchauffe-nous, et que tes vers rayonnent de toutes les grâces.

Et la grâce et la perfection, une fois de plus, furent convoquées sitôt que la fille eut saisi l'instrument, et se déployèrent mieux encore quand elle se mit à chanter :

Mon ami, lorsque je parais
devant lui, dégaine le sabre :
oui, ses prunelles sont autant de fers
assassins contre moi brandis.

Que Dieu prenne sur lui
une part de ma revanche :
ne voit-Il pas comme il me traite,
alors qu'entre ses mains j'ai placé mon âme !

A mon cœur j'ai beau dire :
« Quitte-le donc ! » Ce cœur
n'accepte de se pencher
sur rien d'autre que lui.

Quant à moi, je ne réclame
que ce seul bien au monde ;
mais les instances fuyantes du temps
sont jalouses de mon désir.

Le joie du maître allait montant, et il la marqua comme à son habitude en conviant à boire ses belles esclaves. La dernière coupe, dûment remplie, fut pour la fille à la peau noire, accompagnée de ce discours :

– Ô fille aux yeux noirs, fais-nous entendre aussi ta voix : ne fût-ce que deux mots !

Elle ne se fit pas prier, rectifia l'accord du luth dont elle retendit les cordes, déroula puis ramena vers elle une longue série de gammes, jusqu'à retrouver la première. Les airs qu'elle inventa évoquaient la fête. Mais son chant disait autre chose :

Coulez d'abondance, ô mes larmes,
inondez mes yeux, car mon amour m'a soustraite
à la vie, au point que me fait défaut
le sentiment d'exister.

De la part du bien-aimé
j'ai supporté tant de tourments
et avec tant de patience qu'autour de moi
les cœurs envieux sont en joie.

Les censeurs m'empêchent d'orner de roses
mes joues ; et pourtant mon cœur,
je le sens, a le talent
de cultiver les roses.

Les coupes de boisson circulaient à la ronde
parmi les convives, chacun célébrant à l'envi
le bonheur de celui qui m'avait gratifié
de ses belles promesses.

Et voilà que le bien-aimé tenait son pacte,
que déjà je me précipitais vers lui !
Dans le ciel de la parole donnée
les étoiles saluaient mon bonheur !

Et puis il m'a repoussée, sans même
chercher à me reprocher la moindre faute.
Est-il au monde breuvage
plus amer que le refus ?

Sur ses joues à lui
ont fleuri les roses.
Que Dieu nous préserve du danger
des roses sur les joues !

S'il était licite, aux yeux de ceux
qui disent la Loi, de se prosterner devant un autre
que Dieu, volontiers je me serais prosternée
devant celui que j'aime.

Toutes alors se levèrent, se rangèrent devant leur maître, baisèrent le sol à ses pieds puis lancèrent d'une seule voix :

— Ô notre maître, juge et départage-nous : à toi de dire à présent laquelle est la mieux accomplie.

Il considéra la perfection de leurs attraits physiques, détailla leur beauté dans la diversité mouvante de ses aspects. Il remercia de tout cela le Dieu Très-Haut, lui en tressa louanges, et finit par répondre :

— Aucune d'entre vous, à ce que je sache, ne manque de connaître par cœur son Qoran, aucune n'ignore les nombreuses subtilités de la musique, aucune n'est en peine de citer, à la demande, les exploits des Anciens ou les très-riches heures qui font la gloire de la communauté des hommes et l'honneur des temps qui nous ont précédés. J'aimerais à présent que chacune d'entre vous s'avance tour à tour, désigne de la main la beauté qui lui est contraire — soit la blanche pour la noire, la ronde pour la mince, la dorée pour la brune — et nous fasse l'éloge de ses propres qualités, puis la critique circonstanciée des défauts de l'autre. Ainsi en agirez-vous tour à tour, en veillant chaque fois à ce que vos paroles se fondent sur les préceptes de l'illustre

Qoran et traduisent en vers les meilleurs exemples que fournissent sur le sujet les annales du passé. A l'issue de quoi nous serons à même de nous prononcer sur la qualité de votre éducation, sur la pureté de votre langage…

D'une seule voix encore elles répondirent :

– Oreille attentive et bon vouloir.

Une se leva : c'était la blanche. Sa main désigna la noire :

– Malheur à toi, ô fille noire ! On nous a rapporté que la Blancheur, un jour, sommée de se dire, s'est écriée : Me voici ! Je suis la lumière resplendissante. Je suis la lune en son plein à l'instant où elle se lève à l'horizon. Ma couleur se remarque de loin, mon front brille. L'excellence de mes qualités a été célébrée en ces termes par le poète :

> Blanche, les joues lisses :
> voyez sa finesse ;
> c'est celle de la perle cachée
> sous la robe de perfection.

> Sa taille est celle, bien droite,
> de la lettre alif ;
> son sourire insinuant est la lettre m ;
> ses sourcils sont un double noûn.

> Leur arc décoche des regards
> qui sont autant de flèches
> assurées d'être les sœurs jumelles
> de la Mort.

> Ses joues ont l'apparence
> d'un bouquet composé
> de roses pâles, de myrtes,
> de basilic, d'églantine musquée.

> La branche à elle seule témoigne
> de l'excellence du terroir qui la porte :

combien de jardins nous promettent
celles qui prolongent ce corps!

» Oui, mon teint ressemble au jour en sa sérénité, à la fleur
offerte que la main s'apprête à cueillir, à l'astre étincelant d'un
vif éclat. Le Dieu Très-Haut dans son Livre précieux n'a-t-il pas
dit à Moïse – que sur lui soit le salut ! – : « Fais entrer ta main
dans l'échancrure du col de ta chemise. Elle en sortira blanche,
indemne de tout mal »?[1] Et n'oublions pas que Dieu encore
– qu'Il soit exalté ! – a dit : « Quant à ceux dont le visage paraî-
tra en sa blancheur, ils seront dans la miséricorde de Dieu, où ils
vivront éternellement. »[2]

» Ma couleur a toujours passé pour un prodige, toujours elle
a été la plus recherchée, ma perfection est le but que quiconque
se propose d'atteindre. La blanche netteté des vêtements a pris
sur moi modèle, et la pureté des âmes. Les hommes n'ont cessé
de s'interroger sur l'insondable mystère de la blancheur.
Blanche est la neige qui descend des régions invisibles du ciel.
Et les anciennes traditions de l'Islam attestent que de toutes les
couleurs, le blanc est la première par l'excellence et par le rang :
ainsi les Musulmans tiennent-ils à honneur de porter des tur-
bans immaculés. Mais je craindrais, à énumérer de cette couleur les innombrables vertus, de prolonger inutilement mon
propos : ce qui est net et clair se doit d'être bref ; ce sont là qualités suffisantes, préférables en tout cas à la longueur qui ne
prouve rien.

» Et maintenant, si tu le veux bien, parlons un peu de tes
défauts, ô noire ! Ta couleur est celle de l'encre, de la poussière
où se débat le forgeron, de l'habit du corbeau annonciateur de la
séparation entre les amants. Rappelez-vous le dicton cher au
peuple : « Se peut-il qu'existe au monde un Noir qui fût doué
d'intelligence ? »

Le maître l'interrompit :

1. Qoran, 27, 12.
2. Qoran, 3, 107.

— Ce que tu as dit là suffit. Il me semble même que tu as passé les bornes.

Il fit un signe à la noire, l'invitant à succéder à sa compagne. Celle-ci se leva à son tour, désigna de la main sa rivale, et s'exprima ainsi :

— As-tu vraiment lu le Qoran ? Tu aurais pu y trouver, parmi les révélations faites au Prophète commis par Dieu, cette parole du Très-Haut : « Par la nuit, quand elle est sombre ! Par le jour quand il resplendit ! »[1] Si la nuit, des deux, n'était pas en vérité la plus illustre, peux-tu me dire quelle raison aurait eu Dieu de jurer d'abord par la nuit, et ensuite seulement par le jour ? Nuit et jour : c'est dans cet ordre que les gens qui ont en partage intelligence et perspicacité disposent leurs propos et leurs calculs. Aurais-tu oublié que le noir, cette gloire des chevelures, est l'ornement privilégié de la jeunesse ? Que le blanc vienne seulement y mêler quelques fils, les plaisirs de l'amour s'enfuient, et ce signal seul nous dit que la mort est proche. Si le noir n'avait sur les autres couleurs une assurée prééminence, Dieu ne lui aurait pas donné mission de teinter les veines dont le chemin conduit au cœur, pas plus qu'il ne l'aurait logé au centre exact de l'œil, source de toute vision. Écoute plutôt ces vers du poète — rien n'y est à reprendre :

> *Je n'éprouve désir*
> *que des filles au teint sombre :*
> *leur couleur évoque le brillant de la jeunesse,*
> *l'ardeur du cœur, celle de l'œil.*

> *Ce n'est pas par erreur que j'évite*
> *les filles à la peau blanche :*
> *elle me rappellent la fatigue du temps,*
> *les linceuls blêmes.*

---

1. Qoran, 92, 1-2.

» Écoute ce qu'en a dit un autre poète :

> *Celles que j'aime, sombre est leur peau,*
> *et je me soucie peu des blanches.*
> *Les noires, et elles seules,*
> *ont droit à mon désir.*

> *Les unes ont la couleur prometteuse*
> *de la truffe, tandis que la blancheur des autres*
> *est une triste farine*
> *où je ne vois que maladie.*

» Et j'ai encore ces quelques strophes à ton service :

> *Noire mais claire*
> *quant à sa façon d'être :*
> *elle est comme les yeux,*
> *prompte à saisir la lumière.*

> *Si l'amour m'a rendu fou,*
> *point ne devez vous étonner,*
> *car la racine de toute folie*
> *plonge dans le noir de l'atrabile.*

> *Ma silhouette, quand je vais la voir,*
> *se confond avec les ténèbres*
> *de la nuit : car l'ombre seule*
> *produit la lune et sa clarté.*

» Faut-il rappeler que la réunion des amants ne trouve ses heures propices qu'à la faveur de la nuit ? Rien que cet avantage lui assure le pas sur toutes les autres saisons du temps. Quelle couleur couvrirait d'un meilleur voile – sûr et décent – les entreprises des médisants, des gens au cœur mauvais, sinon le noir épais de l'heure ténébreuse ? Aux amants comme aux voleurs, c'est la blanche clarté de l'aube qui fait craindre tous les opprobres. Que d'exploits accomplis grâce à la complicité des ténèbres ! Le poète nous le rappelle en quelques mots :

Je leur rends visite et l'obscurité
de la nuit intercède en ma faveur.
Si je marche courbé, c'est signe
que la blancheur de l'aube s'apprête à me trahir.

» Et ceci encore :

Combien de nuits la bien-aimée
a passées en ma compagnie
tandis que la chevelure des ténèbres
nous protégeait des regards malveillants !

J'ai peur des aurores
et de leur lumière.
A cette trompeuse clarté j'ai envie de dire :
les mages ont menti en te célébrant.

» Je pourrais moi aussi à plaisir prolonger cet éloge de la couleur noire ; mais je ne tiens pas à m'étendre plus qu'il ne faut : dans mon cas pareillement la clarté a besoin de la brièveté, pourvu qu'elle argumente à suffisance ; d'inutiles longueurs ne feraient qu'ajouter l'obscurité à l'obscurité.

» Mais parlons plutôt de toi, ô fille à la peau blanche, toi dont la couleur s'associe à toutes les lèpres ! L'homme qui te conjoint à l'heure de l'amour suffoque. Puisqu'il faut invoquer les traditions consignées par l'Islam, laisse-moi te rappeler que la grêle et les glaçons, tous deux de ta couleur, contribuent au tourment des damnés. Tu parlais de l'encre, tout à l'heure : c'est un titre de mérite, pour le noir, que de lui prêter sa couleur – sans elle, comment aurait-on transcrit les paroles de Dieu telles que nous les révèle le Qoran ? Sans le noir, pas de musc ; et point de cet ambre que le temps a obscurci ; et sans eux encore, point de parfums déposés aux pieds des rois. Oui, n'eût été le noir, nul n'aurait pris seulement la peine de mentionner ces merveilles. Et n'auraient pas eu cours non plus ces vers du poète, qui sont aussi merveille :

> *Ne vois-tu pas que le grain de musc,*
> *couleur de nuit, se vend au prix fort ;*
> *et que pour une piécette d'argent*
> *on t'offre un chargement de plâtre ?*

> *Un œil qui tourne au blanc enlaidit*
> *le visage même de la jeunesse,*
> *tandis que la noire prunelle t'adresse*
> *ses belles flèches meurtrières.*

Sur quoi le maître prit la parole et dit :
– Va t'asseoir. Tu en as assez dit pour nous éclairer.

Elle regagna sa place, et il désigna du doigt celle dont se remarquait l'aimable embonpoint. Celle-ci se leva, tendit la main en direction de la fille maigre ; puis se dénuda : elle dévoila ses jambes, ses bras, son ventre enfin – et chacun put admirer les plis, les coussins qu'offrait cette chair, la spire profonde du nombril… Elle se contenta ensuite de jeter, par-dessus sa nudité, une tunique transparente dont la fine étoffe ne laissait rien ignorer du corps qu'elle était supposée vêtir.

– Louanges à Dieu ! s'écria-t-elle, qui m'a créée ainsi que vous venez de voir. Ma forme, il n'a cessé d'y ajouter, sans cesse la perfectionnant, jusqu'à me donner la richesse d'un arbre aux branches multiples. Grâce à quoi je puis offrir – à qui me souhaite – plus de satisfactions et plus de joies qu'aucune. Oui ! plus qu'aucune autre, je me dois de remercier Dieu qui m'a accordé en partage ce lot d'agréments et d'honneurs. Car n'est-ce pas le Très-Haut lui-même qui rend hommage à mes qualités dans le texte du Qoran, où l'on peut lire ces mots : « Il apporta avec lui un veau gras qui avait fait l'objet de toutes les attentions » ?[1] Ainsi ai-je été créée :

---

1. Qoran, 51, 26 (il s'agit d'Abraham, cherchant à combler ses hôtes honorés).

semblable à un jardin où l'on peut cueillir abondance de pêches et de grenades. Voyez aussi les citadins et leurs raffinements : vienne l'heure de festoyer, il leur faut un volatile bien gras, et la volaille maigre ne saurait trouver grâce à leurs yeux. La chair des animaux qui fait l'ordinaire de leurs délices, ils la souhaitent opulente et richement développée. Dira-t-on assez les illustres vertus que dispense toute forme d'embonpoint ! Mais laissons plutôt parler le poète et ses vers porteurs de beauté :

> *Laisse là ton amour. La caravane*
> *s'est mise en marche, il faut partir.*
> *Le tout, sache-le, ô toi l'homme,*
> *est de supporter la tristesse des adieux.*

> *Mais tu la vois encore allant et venant*
> *dans la maison de sa voisine, ronde*
> *à souhait, portant sans lassitude*
> *le poids merveilleux de ses appas...*

» A-t-on jamais vu quelqu'un s'arrêter devant l'étal du boucher sans demander qu'on lui serve un morceau de l'animal le mieux développé ? Les sages l'ont bien dit : « Le plaisir trouve ses sources en trois lieux, en trois actes : se nourrir de la viande la mieux développée, chevaucher la chair vive d'une monture bien développée, introduire un empan de chair bien développée dans une autre chair bien développée. »

» Quant à toi, ô fille réputée svelte, as-tu vu tes jambes en pattes d'oiseau, en manche de pioche – tout juste pourraient-elles aider le boulanger à fourgonner en son fournil ! Tu es le bâton du pauvre d'esprit condamné à l'errance. Tu es la viande qui fait défaut. Quelles richesses existent donc en toi qui puissent réjouir l'esprit, inspirer le poète ! Écoute-le donc : écoute cette description qu'il propose de tes charmes !

> *Je me réfugie en Dieu*
> *si je me vois un jour contraint*

de coucher avec une femelle
taillée en forme de poteau ;

une de celles dont les membres
sont autant de cornes sournoises
qui vous percent le cuir à l'heure du sommeil
et vous laissent couvert de bleus !

Ayant débité ces vers, elle reçut de son maître l'ordre d'aller s'asseoir aux côtés de ses compagnes. Il estimait son discours assez probant. Elle obéit, et par un signe il invita la maigre à exprimer sa réponse.

Celle-ci se leva, et l'on eût dit un saule d'Égypte, la canne élancée du bambou, une branche de myrte. A son tour elle prit la parole :

– Louanges à Dieu pour moi aussi ! puisqu'il n'a pas pris moins de soin à parfaire ma création : le résultat étant que chacun au monde ne se donne d'autre but que d'en venir un jour à me conjoindre ! Il m'a donné ressemblance avec le fin rameau issu de l'arbre, élégant en sa fragilité, attirant d'emblée chaque main, chaque cœur impatient de cueillir la beauté. Quand je me lève, mon geste a pour lui la légèreté ; quand je m'asseois, il résume toute grâce. Je ploie aimablement si l'on vient à me décocher quelque plaisanterie. Je ne suis jamais pressée d'aller me décharger le ventre... A-t-on jamais entendu amant clamer les mérites de sa bien-aimée en la disant aussi ronde que l'éléphant, en la comparant pour la largeur à la montagne ! Non, il dira plutôt : la douce enfant est fine de taille, svelte de formes. Et puis je n'ai pas trop d'exigences : peu de nourriture suffit à rassasier ma faim ; j'étanche ma soif en me contentant de quelques gorgées d'eau. Ma fatigue elle-même est légère et j'ignore l'accablement ; et mon esprit marche à l'avenant, gracieux, dispos, toujours prompt à la saillie, au bon mot. Je suis plus agile que l'oiseau, plus délurée que le sansonnet. Quant au plaisir que l'on prend à me conjoindre, je vous l'ai dit : c'est le rêve de tout amant, la récréation du connaisseur. Mon maintien seul est la promesse des plus fines saveurs, mon sourire a la délicatesse impondérable des perfections les mieux accomplies. Aucune fille, quelle que soit sa beauté, ne supporte de m'être opposée – ce que le poète nous rappelle, s'il en est besoin :

J'ai comparé ta statue
à celle du plus fin rameau.
Ton genre de fille, si je l'ai choisi,
c'est pour assurer ma part de bonheur ici-bas.

Éperdu d'amour, je me suis élancé
à ta recherche, craignant
que la silhouette du surveillant jaloux
ne cache à mes yeux ta gracieuse minceur.

» Voyez tous ces amoureux transis errer çà et là dans l'espoir de faire ma rencontre. Le simple souvenir de ma légère image suffit à entretenir le feu de leurs sentiments. Que mon bien-aimé daigne seulement m'attirer à lui, voyez comme à son corps je me colle, comme j'épouse son désir sans jamais l'écraser de ma masse !

» Au lieu que toi, la fille corpulente, tu pèses en tout du poids de cette nourriture dont il te faut te gaver, comme se gave l'éléphant ! Tu n'es rassasiée ni du peu ni du trop. Et l'ami familier, l'heure venue de te conjoindre, auprès de ta personne désespère de trouver le repos ; car en cet excès que tu lui offres, aucune voie ne lui est ouverte qui conduise à l'aimable détente. L'énormité de ton ventre est un obstacle qui l'empêche de s'enfoncer en toi aussi profondément qu'il le faudrait. Il veut disposer bien à fond de ton huis, mais la prolixité de tes cuisses fait barrière à sa pénétration. Qu'y a-t-il de bon à goûter, dans cette surabondance de chairs ? Qu'y a-t-il d'agréable à voir, dans cette feinte générosité où je ne vois qu'énormité ? La chair bien développée convient aux bouchers, dis-tu ? Soit, mais à eux seuls. Qui serait donc porté à louer cette supposée vertu en d'autres circonstances ? Lorsqu'un esprit subtil tourne vers ta rondeur ses vives

plaisanteries, tu te fâches, et les jeux auxquels il te convie ne
sont pour toi qu'une occasion de tristesse. Te mets-tu à minau-
der. c'est pour ronfler l'instant d'après. Te décides-tu à faire un
peu de marche, voilà que bientôt tu suffoques. Te mets-tu à
table, rien ne parvient à rassasier ton appétit. Ton poids voudrait
surpasser celui des montagnes. Ce qui émane de toi empoisonne
l'air mieux que ne ferait l'haleine pernicieuse des fantômes, la
pestilence des marais. Tu répugnes à toute activité : autant dire
que tu ne fais rien pour attirer sur toi la moindre bénédiction. Tu
n'es bonne à aucune tâche, sinon celle de manger et celle de dormir. Tu passes le plus clair de ton temps à évacuer par le bas
toute cette eau qui t'engorge, à dégouliner de mauvaise sueur, à
produire des excréments en si généreuse quantité qu'il te faut,
pour pousser la chose, lancer ces coups de vent en cascades qui
n'ont, dirait-on, jamais de fin. Regarde-toi : on dirait une outre
gonflée d'air, un pachyderme qui voudrait jouer à la dame !
Quand tu entres dans le lieu retiré, tu exiges l'aide d'une servante : à elle le plaisant office de laver tes orifices ; à elle de
dégager comme elle peut tous ces poils qui les obstruent...
Pareille exigence est bien la preuve que tu en es rendue au dernier degré de l'impotence ; la preuve aussi, me semble-t-il, que
ta cervelle n'est pas moins dérangée que ton ventre. Résumons-
nous : dans tout ce qu'il t'a plu d'amasser, il n'est rien dont on
puisse se glorifier. Le poète, à ton sujet, a-t-il jamais dit autre
chose ?

> *Lourde comme l'outre pleine*
> *qu'on aurait gonflée de pissat,*
> *elle offre au regard des hanches*
> *qui ont l'altitude des montagnes.*

> *Prend-elle sa promenade au Maghreb,*
> *marchant pourtant à petits pas,*
> *elle dégage une telle vapeur que l'Orient*
> *se trouve bientôt sous le brouillard.*

A cet instant le maître s'écria :

– Il suffit ! Va t'asseoir.

Et désignant la fille à la peau dorée, cuivrée, il l'invita à s'exprimer à mots choisis.

Celle-ci bondit sur ses pieds, se tint bien droite devant lui, adressa au Dieu Très-Haut ses louanges, célébra ses sublimes vertus ; puis tendant la main vers la fille à la peau brune, elle commença à son adresse :

– C'est moi et nulle autre qui me trouve à l'honneur dans le Qoran, décrite par le Maître de Miséricorde lorsqu'il rend hommage à ce teint que tu me vois, ce teint qu'à l'évidence Il préfère à tous les autres ; oui, c'est moi et nulle autre qui reçois l'indiscutable éloge de la parole du Livre, en ce passage où il est question « d'un roux ardent qui soit agréable à regarder »[1]. Ma couleur est un signe, ma beauté une cible, ma perfection le souhait ultime. Elle est aussi celle de la pièce d'or, celle des étoiles, et souvent celle de la lune elle-même. Dire que les pommes, dorées à point, ont le même teint que moi, c'est annoncer que ma carnation me désigne parmi les objets les plus savoureux qui se puissent goûter. Ce jaune d'or ou de cuivre, le safran le reprend à son compte, et sa couleur, on le sait, réjouit l'œil comme aucune autre. Car la couleur ici révèle la qualité précieuse de la substance comme le teint souligne l'harmonie de la forme. J'ai beau avoir le corps menu, ceux qui savent n'ignorent point qu'il se monnaie au plus haut prix. Car c'est à travers lui, et lui seul, que la beauté est capable de donner son expression et sa mesure. Ce qui explique, au demeurant, la rareté d'une peau telle que la mienne. Ah, que de louanges n'a-t-elle pas reçues ! Car les femmes de ma ressemblance n'ont jamais laissé d'inspirer les poètes. Écoute celui-ci :

D'or jaune est sa couleur :
celle du gai soleil, celle aussi

---

1. Qoran, 2, 69. (Il s'agit de la vache du sacrifice, réclamée sur les instances de Dieu par Moïse.)

de la pièce sonnante et trébuchante
– autant de choses bonnes à contempler !

Le safran prétendrait-il
lui voler de son éclat ?
Impossible, car il dépasse en lumière
celui même de la lune !

» Qu'on me laisse à présent blâmer ton obscurité, ô fille brune ! Ta peau a la couleur de la robe du buffle, et les âmes éprouvent de l'horreur à seulement la contempler. Quand les objets brunissent, c'est signe qu'ils ont fait leur temps, et leur valeur s'en trouve d'autant diminuée. De même un aliment qui prend la couleur brune a-t-il grande chance d'être avarié, et y goûter, c'est à coup sûr s'exposer au poison. Brune est la mouche amie des immondices. Brun est d'ordinaire le poil des chiens. On comprend la vilaine réputation qui s'attache à tout ce qui, de près ou de loin, se rapporte à cette couleur. Quelqu'un a-t-il jamais entendu parler d'or brun, de perles brunes, de pierre précieuses dont l'eau serait brune ! En revanche, si tu t'aventures dans les lieux d'aisance, et quelle que soit la couleur dont tu te seras parée, c'est bel et bien de brun que tu te retrouveras maquillée si tu n'y prends garde. Une couleur, en plus, qui a l'air habitée par l'hésitation : tu n'es pas franchement noire, et ne saurais donc prendre rang parmi le peuple des noires ; et tu es assez loin d'être blanche, ce qui t'interdit de prétendre être jamais confondue avec les beautés de cette catégorie. Au fond, rien ne te distingue en particulier, sinon l'embarras où tu plonges ceux qui te regardent – comme l'exprime si exactement le poète :

Sa couleur cendrée
évoque la poussière qui tourbillonne
avant de retourner à la terre,
soulevée par les pas du voyageur.

Jamais je n'ai pu jeter
un coup d'œil sur son corps
sans me sentir l'esprit assailli
par les soucis ou par l'ennui.

C'est là que le maître l'interrompit :
– Tu as assez parlé. Va maintenant t'asseoir.

Puis il donna la parole à la brune. Celle-ci présentait des formes d'une beauté parfaite. Sa stature, l'harmonie de ses membres, son élégance naturelle, la finesse de ses attaches – tout en elle atteignait le degré d'accomplissement que l'on pouvait souhaiter. Sa taille, qui était dans la moyenne, ne se remarquait guère ; mais frappait l'aspect de sa peau – soyeux, d'un brun profond, soutenu. Seules ses joues, doucement teintées de rose, venaient rompre l'uniformité de cette pigmentation d'une rare densité. Avec cela, un visage lisse, étrangement attirant, promettant aux lèvres des saveurs exquises, où s'ouvraient deux grands yeux cernés d'un liseré noir. Au-dessus des hanches, la taille bien marquée était mince ; au-dessous, une croupe lourde ainsi qu'il convient. Ajoutons qu'elle parlait à ravir, que son discours était l'éloquence même.

– Louanges à Dieu ! commença-t-elle, qui m'a faite à la juste mesure : ni forte à mériter le blâme, ni maigre à n'offrir qu'un ventre étroit, ni blanche comme la lèpre, ni jaune comme celle que tourmente la colique, ni noire comme celle qui montre un visage souillé de suie. Mon teint ? Disons qu'il est aimable, puisqu'on l'aime parmi les gens de goût. Tous les poètes ont loué les filles brunes, et ce dans toutes les langues de la terre, car partout leur peau bien teintée est préférée à toutes les autres. Outre cela, on attribue aux brunes personnes des qualités dignes d'admiration. Ah ! par Dieu, mieux que moi saura dire cela le poète :

La couleur brune à elle seule
est un symbole dont le sens, s'il t'est connu,
fixera pour jamais ton regard
loin des beautés blanches et des beautés rousses.

A la brune l'art des paroles heureuses,
des regards aguichants capables d'enseigner
à l'Ange Hâroût[1] lui-même les secrets
de la magie divinatoire.

» Est-il question de saveur ? Mon genre de beauté promet les
plus rares. Ma forme elle-même, la grâce de ma taille, sont mises
en valeur par ma couleur comme par aucune autre, ainsi qu'en
a toujours décidé le suffrage des connaisseurs. Parmi eux, les
rois ont régulièrement marqué leur préférence pour mon teint.
Mais le riche et le miséreux portent aussi bien leur dévolu sur
moi. J'ai le corps délié, car la souplesse m'a souvent été donnée
en partage, et cette vertu, à l'heure de l'amour, vaut son pesant
d'or. Et puis, pour ce qui me concerne, je ne m'en tiendrai pas
aux qualités physiques : je sais la façon de prodiguer les traits
d'esprit, de montrer mes bonnes manières juste ce qu'il faut, de
faire parler l'éloquence. Ma langue sait être distinguée, ma plaisanterie légère, et à l'heure des amoureux ébats, je n'oublie pas
qu'en tout doit régner la grâce.

» Or, qu'en est-il de toi, ô fille de couleur jaune, toi dont le teint
m'évoque ce brouet à la mélochie qu'on sert dans les ruelles cras-
seuses des faubourgs : ragoût pisseux où nagent des tiges entières ?
Femme à guigne : telle est ta réputation. Et l'odeur que tu dégages
l'annonce assez : tu peux la sentir autour de l'étal du vendeur de
têtes de mouton bouillies. Ta couleur ? Cuivre – mais terni.
Prunelle de hibou. Fruit de l'arbre Zaqqoûm[2] qui pousse en enfer.
Coucher avec toi provoque, dans l'âme de l'amant, un sentiment
d'angoisse morbide : ta triste couleur est pour lui comme un
avant-goût de la tombe. Avec de tels attraits, quelle chance peux-
tu avoir d'atteindre à la beauté accomplie ? Souviens-toi de ce que
le poète a dit à propos des femmes qui te ressemblent :

---

1. L'un des Anges, dont on rapporte qu'il fut séduit par une femme (Qoran,
2, 102).
2. Qoran, 56, 52.

Cette couleur jaune, sur elle,
est insistante : et pourtant elle n'est pas signe
de maladie. Ma poitrine à sa vue se resserre
et la migraine s'empare de ma tête.

Si mon âme charnelle n'y renonce,
je l'avilirai de mon plein gré :
oui, j'embrasserai le visage de cette femme
jusqu'à en avoir les dents arrachées.

La brune jeune fille avait à peine fini de réciter ces vers que son maître lui dit :

— Va t'asseoir. Les arguments que tu nous as servis sont en quantité suffisante.

Ayant prononcés ces mots, il tint à réconcilier ces demoiselles entre elles, et leur distribua à toutes de superbes robes neuves où l'on n'avait pas lésiné sur les parures, lesquelles portaient en abondance toutes les pierres précieuses tirées des profondeurs de la terre comme de la mer.

A peu de temps de là, il réussit à vendre ces six beautés au sultan d'Égypte en personne, qui les paya chacune au prix de dix mille pièces d'or. Après quoi, ainsi qu'il avait été entendu, il remit la moitié de la somme à sa compagne, naguère encore jeune épousée de cet ami de Dieu qui l'avait répudiée au nom de ses idées mystiques.

Intrigué par les dons de cette femme habile, le sultan voulut en savoir plus et se mit dans l'idée de l'interroger ; à quoi elle consentit de bonne grâce.

— Ô toi, femme, éclaire-moi. Et d'abord, sais-tu lire et écrire ?

— Je sais lire et écrire. Je sais aussi bien d'autres choses : les histoires qui font l'agrément des veillées, les anecdotes qu'on a rapportées concernant les bizarreries de la conduite des hommes, les mots et les traits que l'on prête aux poètes. Je connais les traditions de l'Islam, j'ai appris à réciter le Qoran selon les règles. Enfin, sache que j'ai retenu maints discours traitant de la sagesse, de l'éducation, ainsi que de toutes les sciences sans en excepter une.

» J'ai lu les principaux traités de versification arabe, et la métrique n'a plus de secrets pour moi. J'ai lu la *Tadhkira*[1] et le livre des Sermons[2]. J'ai compulsé tous les commentaires du *Livre des Preuves*[3] d'Ibn-Boutlâne, j'ai lu attentivement *Les Simples* d'Ibn al-Baytâr[4], le *Canon royal*[5]. J'ai donné des consultations sur le bon usage du Dictionnaire et des traités de philologie. J'ai pu résoudre quelques-unes des énigmes posées par les allégories et les symboles. Je connais la langue de l'Inde et la langue copte. Je me suis initiée au déchiffrement des signes magiques. J'ai étudié la géométrie, l'art de l'arpentage, et j'ai lu les livres d'Euclide.

» Devenue familière de ces matières, je me suis tournée ensuite plus particulièrement vers la médecine et les sciences religieuses. J'ai lu les sentences d'Hippocrate et de Galien ; *L'Ancien et le Nouveau* d'al-Châfi'î[6] et la Somme[7] d'Ibn al-Sabbâgh ; et je n'ai pas manqué de parcourir les ouvrages d'al-Ghazâlî[8]. Possédant la science du calcul, j'ai pu ainsi maîtriser les arcanes de la

1. C'est le *Tadhkirat al-khawâss wa 'Aqîdat ahl al-ikhtisâs* (*Aide-mémoire des intimes, ou les Croyances religieuses des gens de distinction*) du grand mystique Mouhyî'l-Dîne Ibn-'Arabî – né à Murcie en 560/1165, mort à Damas en 638/1240.

2. *Mawâ'iz* (*Les Sermons*) du mystique Ahmad Ibn-'Atâ'-Allah al-Iskandarî al-Châdhilî, mort au Caire en 709/1309.

3. *Kitâb al-Bourhâne*, d'al-Moukhtâr Ibn al-Hassane Ibn-Boutlâne, médecin et théologien chrétien né à Baghdâd (mort après 1063) : son livre reprend un traité d'Aristote et un autre du philosophe d'origine turque al-Fârâbî.

4. 'Abdallah Ibn al-Baytâr, botaniste mort à Damas en 648/1248.

5. *Al-Qânoûn al-Malakî*, compendium médical de 'Ali Ibn al-'Abbas al-Madjoûsî (le Mage), mort en 372/982, médecin du sultan bouyide 'Adoud al-Dawla.

6. Al-Châfi'î (mort en 204/820), fondateur du rite musulman dit chafiite.

7. Œuvre de 'Abd al-Sayyid Ibn al-Sabbâgh (mort en 478/1086), connue sous le titre de *Kitâb al-Châmil fî'l-fouroû* (*Livre complet des principes et de leurs effets*).

8. Il s'agit du grand théologien mystique d'origine persane (mort en 505/1121).

Grande et de la Petite Table Magique, l'étude de la sphère céleste, celle du calendrier astral qui fixe le temps des obligations religieuses, la technique de l'astrolabe et celle du quart de cercle, qui permettent de mesurer l'heure d'après la hauteur du soleil, la lecture des tables talismaniques. Je m'entends enfin dans l'interprétation des phénomènes de correspondance, en astrologie, en exorcisme, et je n'ignore rien des formules conjuratoires qui permettent de séparer les gens, des procédés de l'alchimie, des incantations, du commerce avec les esprits et de la fabrication des amulettes.

Impressionné, le sultan s'enquit :

– Ô femme, me sera-t-il donné d'entendre de ta bouche quelques propos illustrant tant de sagesse et de savoir ?

– Oreille attentive et bon vouloir, ô sultan, lui répondit-elle. Mais j'aimerais auparavant te conter, dans le souci de te divertir, une histoire parmi celles que nous a transmises Abou'l-'Aynâ[1].

– Je t'écoute.

– Il y avait chez nous, rapporte cet auteur, deux femmes qui habitaient la même rue. L'une était amoureuse d'un homme d'âge mûr, l'autre d'un jouvenceau encore imberbe. Un soir qu'elles prenaient le frais, assises sur la terrasse de la demeure de l'une d'elles, à deux pas de chez moi, j'eus la curiosité de tendre l'oreille, et voici la conversation que je parvins à surprendre :

» – Sœurette, disait l'amoureuse du jouvenceau, comment peux-tu supporter ton amant, et cette barbe drue qui te frictionne la poitrine à l'instant de l'accolement, et cette moustache qui vient froisser la peau de tes joues, de tes lèvres…

» – Petite sotte, répondit l'autre, les feuilles ne sont-elles pas la parure de l'arbre ? Et le duvet celle des concombres ? Connais-tu au monde créature qui soit plus généreuse que l'homme poilu – ou plus avare que celui qui arbore une face glabre ? Ne sais-tu pas que la barbe pour l'homme et la chevelure pour la femme, c'est tout un ? Ce qui change grandement, crois-moi, la question

---

1. Affranchi du khalife al-Ma'moûn, célèbre compilateur d'anecdotes (mort à Baghdâd en 282/895).

des rapports qu'entretiennent leur barbe et nos joues – ainsi que l'induit clairement ce point de la Tradition : souviens-toi, Dieu le Très-Haut – qu'Il soit glorifié ! – n'a-t-Il pas créé au ciel un Ange qui s'exprimait en ces termes : « Loué soit Dieu ! qui a donné aux hommes pour ornement la barbe, et aux femmes la chevelure » ? Tout est là. Au reste, si la barbe n'était pas en beauté l'égale de la chevelure, Dieu les aurait-Il créées ensemble ? L'une et l'autre, sache-le, ont pour rôle d'exciter au plaisir, lequel est bien, pour nous, la chose la plus nécessaire. C'est pourquoi je m'attache à l'homme mûr, et jamais ne l'abandonnerai : oui, sache que toujours je resterai fidèle à ce porteur de barbe, si avisé en ses gestes, qui commence par me flairer avant de prendre l'initiative, qui me pénètre en douceur, en y mettant la lenteur qu'il faut, qui revient à la charge après avoir lancé en moi son jet, qui fait bon accueil à mes caresses, qui n'a pas son pareil dans la science de piler et touiller en mon petit mortier, et qui s'en trouve si bien aise qu'à peine a-t-il fini son affaire, il remet tout sur le chantier !

» A cet instant, je pus entendre l'amante du jouvenceau qui interrompait sa voisine :

» – Quelle éloquence, ma chère ! Par le Maître du Sanctuaire de la Ka'aba ! je crois que tu m'as convertie. Sans rire, je songe déjà à me séparer de mon bel éphèbe, et plus sûrement encore à prendre pour amant un barbu d'expérience !

Réjoui par cette histoire, le sultan eut un sourire et demanda à la belle conteuse :

– Instruis-nous à présent de ces sciences que tu as étudiées, ne serait-ce qu'en nous livrant, dans chacune des matières qu'il t'a plu d'énumérer, quelques bribes de ton savoir.

– Fort bien, déclara-t-elle, je m'en vais te présenter cela.

Mais d'un geste le sultan l'interrompit, puis, s'adressant à ses messagers, il les chargea d'avertir au plus vite les Juges et les Nobles du royaume :

– Patience ! J'aimerais que tous entendent les propos de cette femme, afin que les meilleurs esprits puissent apprécier l'étendue de ses connaissances dans les diverses sciences où elle dit exceller.

Tous se rendirent à son invitation. Les femmes des émirs, des vizirs et des hauts fonctionnaires du gouvernement, mises au courant de l'affaire, prirent sur elles de demander à leurs époux l'autorisation de les accompagner à cette assemblée, puisqu'il se murmurait partout qu'une femme déjà y serait, et qu'elles brûlaient de la voir et de l'entendre montrer aux Juges l'excellence de sa science religieuse et de sa sagesse.

Le jour venu, on déploya donc des rideaux de protection au centre de la salle d'audience, et la jeune et jolie conférencière prit place dans ce pavillon improvisé, entourée par toutes les femmes qui se trouvaient admises à assister au débat.

On lui fit signe qu'elle pouvait parler. Elle parla :

– Sache, ô roi favorisé par la chance, que les accomplissements que se propose la nature humaine sont de deux ordres, pas plus : celui des biens de ce monde, et celui que justifie la pratique religieuse. J'ajouterai que l'on ne peut parvenir aux accomplissements du second ordre qu'après avoir fait l'expérience des premiers, puisque les fins de la religion sont fort justement nommées Fins Dernières. Aussi serait-on mal fondé de mépriser les biens de ce monde, d'autant que leur possession est le fruit de deux vertus indiscutables : excellence du jugement, et fermeté dans l'action. Trois domaines principaux relèvent de l'indispensable action (certains disent quatre) : l'agriculture qui nous permet de nous nourrir, le tissage qui nous procure les vêtements, l'architecture sans laquelle nous n'aurions pas de maisons ; ajoutons-y la bonne politique, qui a pour objet de régir les relations entre individus, d'assurer entre eux les liens de la juste assistance, de surveiller le bon ordre des tâches quotidiennes.

» Sache aussi, ô roi favorisé par la chance, que Dieu – qu'Il soit glorifié et exalté ! – a créé le monde d'ici-bas comme une sorte de provision destinée à nous préparer à la vie future. Les biens qu'on y peut cueillir, les gens se les passent les uns aux autres, et s'ils y attachent du prix, c'est qu'ils devinent que leur usage nous permet d'atteindre, au bout du chemin, à la Maison des Fins Dernières. Le tout est d'user de ces biens d'une façon équitable : nul doute que si chacun parvenait à se convaincre de cela, guerres et disputes n'auraient plus cours. Mais l'injustice et la tyrannie sont le plus souvent le lot de ceux qui se repaissent des trésors de ce monde, et la passion les gouverne, en résultat de quoi les hommes en sont à se disputer toujours. Leur seule issue : se confier à l'arbitrage d'un sultan qui les ramène à la bonne voie et qui règle leurs litiges en toute équité et bienveillance.

» Le roi lui-même tire son inspiration de la crainte de Dieu, et c'est fort bien, faute de quoi la politique serait une arène où le fort toujours soumettrait le faible. Ne dit-on pas que la pratique religieuse est la ceinture qui maintient en place le corps social, et que le roi est le gardien de cette ceinture ? Viendrait-elle à se dénouer, le corps en question s'effondrerait et ceux qui le constituent, privés du gardien indispensable, perdraient leur chemin.

» Les Sages l'ont dit, il est trois sortes de rois : celui qui prend son conseil de la religion, celui qui règne par la rigueur de son autorité, celui qui se laisse gouverner par ses passions. Le roi attaché à la piété, qui sert sur ce point de modèle à ses sujets, travaille surtout à perfectionner la Foi de la communauté. Celui dont l'autorité ne fait pas de doute a pour lui la force, maîtrise les affaires du royaume, mais n'empêchera jamais ceux qu'il opprime de lui vouer hostilité. Celui que domine la passion risque certes de couler des jours agréablement voués aux plaisirs, mais les jours en question sont aussi fuyants que les autres, et son règne ne recevra guère de louanges de la part des chroniqueurs. N'oublions pas que celui qui a la chance de gouverner un pays doit veiller, entre autres obligations, à assurer la récompense de celui qui fait le bien et à punir celui qui commet le mal. Il ne doit laisser sans juste rétribution ni l'un ni l'autre, sinon c'est encourager le premier à la négligence et le second à l'audace. Rappelons-nous le beau couplet improvisé naguère par al-Wardî[1] :

---

1. Poète du XIIIᵉ siècle.

La moitié des gens
font la guerre à celui
qui édicte les lois
lors même qu'elles sont justes.

» J'ai entendu raconter qu'un des anciens rois de la Perse avait l'habitude de ne se jamais déplacer sans emporter avec lui quatre sceaux. L'un était pour la guerre ou la paix – on y avait gravé ce mot : « Temporisation ». Le deuxième pour les lois de finance – avec ce mot : « Prospérité ». Le troisième, destiné à protéger la correspondance du monarque avec les fonctionnaires du royaume, portait la mention « Espérance ». Sur le quatrième, qui scellait les sentences de châtiment, on pouvait lire : « Équité ».

» Le sultan n'est pas à l'abri des gestes d'égarement : il est si facile de s'abuser, d'adresser un signe d'agrément à qui mérite le blâme, ou l'inverse. On n'est jamais assez précautionneux, et j'aimerais rappeler ici ce que 'Abd al-Malik[1], fils de Marwâne, écrivait à son frère 'Abd al'Azîz qu'il venait de nommer gouverneur en l'Égypte : « Sois intraitable quant à la tournure de tes lettres, quant au choix de ton chambellan, quant à la qualité de tes commensaux. Car celui qui est loin de toi te jugera sur le style de tes missives, celui qui vient vers toi sera prévenu à ton endroit par l'accueil de ton chambellan ; et celui qui te quitte t'appréciera d'après ton commensal. »

» 'Omar[2] – que Dieu le prenne en son agrément ! – nous a appris qu'il importe d'abord, en toute occasion, de savoir à qui l'on a affaire. « Il existe, aimait-il à rappeler, trois sortes de femmes et trois sortes d'hommes. Pour ce qui est des femmes : la compagne avisée, douce, sereine, aimante, qui toujours soutiendra les siens, les aidera envers et contre tout à supporter la mauvaiseté du monde, et jamais ne prendra prétexte de cette mauvaiseté pour les accabler ; et puis la femme qui est faite pour donner des

---

1. Khalife omayyade. Il régna à Damas de 65/685 à 86/705.
2. C'est le khalife 'Omar, qui exerça le pouvoir de 12/634 à 23/644.

enfants et rien de plus ; enfin celle que Dieu a suspendue au coup de celui qu'Il veut tourmenter. Même chose pour les hommes : d'abord celui qui laisse parler en lui l'intelligence, et qui, soumis à l'adversité, accepte les avis d'autrui et ne se cantonne pas obstinément dans son propre jugement ; ensuite l'homme de simple bon sens, capable de jauger les données d'une situation, qui trouve dans l'instant les bonnes solutions, et que les traverses ne découragent pas ; enfin celui qui ne juge de rien, se contentant d'agir à son caprice, sans souci de trouver issue aux problèmes qui se posent à lui, livré tout entier à l'irrésolution, à la tergiversation. »

» J'aimerais vous livrer une anecdote concernant 'Omar, qui me paraît pleine de fruit – elle nous vient de Mouslim, qui l'a transmise à son fils Zayd... et c'est ce dernier que je laisse parler ici :

J'étais sorti une certaine nuit en compagnie de 'Omar, et nous avions pris le chemin qui mène jusqu'à Râqîm. Parvenus en vue de l'endroit, nous avisâmes devant nous un feu dans la campagne, qui semblait être bien pauvrement alimenté.

– Ô Mouslim, s'inquiéta 'Omar, cela m'a tout l'air d'être des voyageurs que le froid de la nuit a surpris en chemin. Allons voir ce qu'il en est.

Nous pressâmes le pas jusqu'à nous retrouver à notre tour parmi ces gens, auprès du feu. Une femme s'employait à activer la flamme au-dessous d'un chaudron. Autour d'elle des gamins se chamaillaient.

'Omar – que l'agrément de Dieu soit sur lui ! – poussa jusqu'à la tente et s'adressa aux présents :

– Que le salut soit sur vous, ô possesseurs de la lumière ! – c'est à dessein qu'il n'avait pas dit : « ô possesseurs du feu ».

La vieille femme qui était un peu plus loin répondit à son salut, et c'est avec elle qu'il finit par entrer en conversation :

– Peux-tu m'expliquer pourquoi ces jeunes garçons n'arrêtent pas de se chamailler ?

— Parce qu'ils ont faim, répondit-elle.

— Et qu'y a-t-il dans ce chaudron ?

— De l'eau que je fais bouillir, rien de plus. Je procède ainsi pour les faire taire : pour leur donner l'espoir qu'il y aura tout à l'heure quelque chose à manger. Vois la misère où nous nous trouvons. Ah… je prie Dieu d'être juge entre 'Omar et moi sur ce point !

— Comment 'Omar pourrait-il être au fait de ce qui t'arrive ?

— Il a pris en charge notre destinée, notre prospérité, comment pourrait-il ignorer notre détresse ! Une simple enquête suffirait à lui montrer notre indigence, et, pour peu qu'il ait en son cœur un peu de compassion…

— Quittons ce lieu, fit alors 'Omar en se tournant vers moi.

Et je le vis partir à grands pas. Il courut plus qu'il ne marcha jusqu'à la maison du Juste, ce lieu où il tenait si fort à faire régner l'équité, et s'en alla quérir au cellier un énorme sac de viande bien grasse.

— Allons, aide-moi à le charger sur mes épaules !

— Ô Émir des Croyants, me récriai-je, il n'en est pas question, c'est moi qui m'en vais le porter à ta place.

— Allons… ce n'est pas toi, que je sache, qui porteras le poids de mes fautes quand viendra le Jour de la Résurrection !

Je l'aidai donc à installer le sac sur ses épaules, et nous reprîmes à bonne allure le chemin qui menait jusque chez la vieille. Parvenu là, il déposa le sac et l'ouvrit. Il contenait, outre la viande, un lot de farine qu'il remit à la femme.

— Verse-moi cette farine dans ton chaudron. Moi, je m'en vais touiller ton ragoût comme il faut.

Un peu plus tard, il ajouta la viande, et tandis qu'elle cuisait, je pus le voir qui soufflait, à quatre pattes, la braise sous le chaudron.

'Omar, on s'en souvient – que Dieu le prenne en son agrément ! –, portait une ample barbe, et la fumée lui rôtissait tous les poils avant de s'en aller en volutes à travers les airs. Je le contemplais non sans effarement, et le manège continua jusqu'à ce que le ragoût fût à point. Il y ajouta encore un peu de bonne graisse, puis, s'adressant à la femme :

– C'est prêt ! Tu peux servir tes gamins, mais fais attention, c'est chaud ! Je m'en vais souffler un peu sur les gamelles, que personne n'aille se brûler la langue !

Et il poursuivit son affaire jusqu'à ce que les enfants, ayant dévoré les jolies portions qu'on leur avait servies, ne ressentissent plus la moindre faim.

– Que Dieu te rétribue et t'accorde ses bienfaits ! lui lança alors la vieille. Oui, je l'affirme, par Dieu : tu vaux cent fois 'Omar, l'Émir des Croyants. Que ne t'a-t-on chargé de régner à sa place !

– Allons, femme, il faut toujours souhaiter le bien aux absents. Sache en tout cas que si l'envie te prend un jour de t'adresser à 'Omar, tu me trouveras chez lui.

Sur quoi il alla s'accroupir un peu plus loin, seul, le dos courbé à la façon d'un vieillard, toute la fatigue du monde pesant sur ses épaules.

– Que comptes-tu faire à présent ? lui demandai-je.

Il ne répondit d'abord rien. Et puis nous entendîmes le rire des gamins, qui jouaient à présent comme des fous. Un peu plus tard, comme la nuit avançait, ils allèrent se coucher et ne tardèrent pas à s'endormir. Alors je vis 'Omar se lever, remercier Dieu. Puis, s'adressant à moi :

– Vois-tu, ô Mouslim, j'avais vu pleurer ces enfants. Il ne m'était pas possible de quitter les lieux sans avoir pu m'assurer que je les laissais dans un autre état que celui où je les avais trouvés : dans cet état d'insouciance où tu viens de les voir pour finir.

– On raconte aussi, poursuivit la jolie conférencière, que le même 'Omar – Dieu le prenne en son agrément ! – ayant un jour adressé une lettre au roi des Romains de Byzance, sa femme Oumm-Koulthoûm, fille de 'Ali[1], eut l'idée d'acheter des dattes pour la valeur d'une pièce d'or et de les joindre à la missive à

---

1. 'Ali Ibn Abou-Tâlib, cousin et gendre du Prophète : il sera khalife de 35/656 à 40/661.

titre de cadeau personnel. Le messager, une fois son voyage accompli, s'en revint avec deux vases remplis de pierres précieuses : présent destiné à l'aimable donatrice. Entrant au même instant chez cette dernière et voyant les joyaux, 'Omar s'étonna : « D'où te viennent donc ces merveilles ? » Elle lui conta toute l'affaire. Sur quoi il s'empara du précieux lot en justifiant ainsi son geste : « Ceci appartient à la communauté des Musulmans. – Comment oses-tu confisquer ce qui m'a été offert ! s'insurgea-t-elle. C'est là un cadeau, destiné à répondre à un autre cadeau – Eh bien, ton père tranchera là-dessus entre toi et moi, fit 'Omar. » Consulté, 'Ali prononça cette sentence : « Ma fille, tu as le droit, sur ce trésor, de prélever une part, à condition qu'elle n'excède pas la valeur d'une pièce d'or – celle que tu as dépensée pour acheter ces dattes. Le reste appartient bien aux Musulmans, puisqu'on en avait confié la charge au messager des Musulmans. »

La conférencière se tut un instant, puis reprit à l'adresse du sultan :

– Voilà, ô roi favorisé par la chance : je voulais te faire part de quelques réflexions qui me sont venues en matière de justice, mais le sujet est vaste, et notre âge, à toi et à moi, arriverait à son terme sans qu'il me soit possible d'en faire seulement le tour.

Ayant ainsi parlé, et mesurant déjà l'effet de ses propos sur l'assemblée, la jeune femme remercia en son for intérieur le destin qui l'avait conduite en ce lieu – et singulièrement son premier mari, l'ascète mystique impatient de vouer sa vie à l'adoration du Très-Haut, qui l'avait répudiée si bien à propos.

Les juges et les savants réunis pour l'occasion avaient écouté eux aussi. Tous en chœur ils se tournèrent vers le sultan et déclarèrent :

– Ô roi, cette femme est en vérité l'un des prodiges de ce siècle. Jamais n'est parvenu à nos oreilles qu'une jeune fille d'un âge si tendre, tout juste en sa fleur, ait trouvé le moyen d'acquérir un tel savoir, et si divers.

Puis, ayant fait leurs invocations à Dieu en faveur du sultan, ils se retirèrent, ainsi que les dames de l'assemblée, pour vaquer à leurs affaires.

Le sultan se tourna alors vers la belle parleuse :

– J'ai envie de te consulter sur un point qui me tourmente. J'ai la plus grande difficulté à tenir en main un important personnage du royaume, que je viens d'établir gouverneur à Damas. Que me conseilles-tu de faire ?

– Ô sultan généreux, répondit-elle, voici mon conseil : tu n'as qu'à lui dépêcher sous bonne escorte le plus beau présent qui se puisse faire – ces six filles de couleurs diverses que tu nous a achetées il y a peu –; quant à moi, je veillerai sur elles et je m'engage à obtenir du gouverneur récalcitrant qu'il se soumette désormais exactement à ce que tu commanderas. Mais je reste bien sûr à tes ordres : oreille attentive et bon vouloir...

Ces quelques paroles eurent le don de réjouir le cœur du sultan. Certain du succès de l'entreprise qu'on lui proposait, il munit l'aimable discoureuse de tout ce qui pouvait lui être nécessaire pour le voyage, dota chacune des six donzelles d'un trousseau et de bagages de prix. Puis il dépêcha tout ce joli monde à Damas.

II

LES COMPLICES DE DAMAS

Dès que la maîtresse-fille si habile en paroles fut rendue à Damas à la tête de sa petite troupe femelle, elle alla se présenter à l'audience du gouverneur et demanda à être admise en sa présence – ce qui lui fut accordé.

Elle fit son entrée, et le gouverneur ne manqua pas de la juger selon son apparence : on avait d'évidence affaire à une femme vertueuse, car elle portait sur elle, bien visibles, les traces de l'adoration qu'elle vouait à Dieu au long des jours. Elle avait pris soin de se vêtir à la façon des maîtres spirituels, tous ses gestes annonçaient la componction et la piété, et une sainte odeur d'encens émanait de ses vêtements et de toute sa personne.

Elle commença par adresser en faveur de celui qui la recevait ses invocations à Dieu – et ce, dans les formes les plus parfaites. Le gouverneur cependant détaillait les six filles qui lui faisaient escorte : on murmurait qu'il était stérile – en tout cas n'avait-il jamais pu obtenir de progéniture.

La visiteuse, à la fin, exposa en ces termes le but de sa visite :

– Sache, ô roi, que j'ai là avec moi ces six filles que tu vois, toutes pucelles aux seins fermes, chacune aussi belles que la lune en son plein. Tel est le présent que t'adresse, par mon entremise, le sultan d'Égypte. Parmi tous les rois qui règnent de par le monde, aucun, crois-moi, n'a jamais possédé six créatures d'une telle perfection. Elles brillent en tout : intelligence, beauté, belle santé, formes accomplies, membres harmonieux, élégance, prestance. Ce qui ne les empêche pas d'être des lectrices assidues des traités composés par les Sages, d'avoir en tête tout un répertoire d'anecdotes bien propres à réjouir le cœur des commensaux, ni d'avoir orné leur mémoire des mille et un faits et gestes dont s'honorent les hommes illustres du passé, à quelque communauté humaine qu'ils appartinssent. Les voici devant toi, ô roi du temps. Si tu veux vérifier par toi-même l'authenticité de mes dires aussi bien que l'excellence de leur langage, ne t'en prive pas : elles sont prêtes à subir ton examen, à répondre à tes questions sur tous les sujets qu'il te plaira d'aborder. Le proverbe le dit bien : ce n'est qu'en mettant l'homme à l'épreuve que l'on peut déceler s'il mérite d'être honoré ou conspué. Et le poète lui-même :

> *Si tu es ascète,*
> *sois donc comme Ouways*[1].
> *Si tu es poète,*
> *sois comme Ibn-Hânî*[2].

> *Celui qui prétend être ce qu'il n'est pas*
> *ne résiste pas longtemps à l'épreuve.*
> *Soumets-le à bon examen et tu verras*
> *comme éclate son mensonge.*

Le gouverneur voulut bien suivre son conseil :
— Fort bien, j'aimerais les entendre parler. Et que chacune me rende témoin de sa science, de l'étendue de son savoir.
La première fille s'avança, baisa le sol en signe de respect et lui tint ce discours :
— Celui qui souhaite posséder la science religieuse doit se familiariser d'abord avec les principes qui gouvernent le monde du sacré, puis avec les rituels qui en sont issus et qui jalonnent

---

1. Ascète musulman, mort à la bataille de Siffine (31/657).
2. C'est le fameux poète Abou-Nowâs (mort vers 195/810).

le cours de l'existence. La recherche des biens de ce monde ne doit pas le détourner de ces principes. Pas plus qu'il ne doit oublier qu'il n'est pas de pratique religieuse accomplie hors des voies de l'action sincère. Celle-ci ne saurait contredire les préceptes sacrés, pas plus qu'elle ne saurait s'accommoder des actes prohibés. Mais c'est surtout le sens intime de l'équité qui la doit conduire chaque fois que tu entreprends quelque chose. Dévoue-toi au service de l'ami, dépense ton argent en faveur de ceux que tu connais et qui le méritent, adresse tes salutations à tous, même aux gens de peu, mais surtout sois juste et ne refuse pas, s'il le faut, de protéger jusqu'à ton ennemi.

» Si tu entends quelqu'un citer une tradition que tu connais, ou rapporter tel fait de ta connaissance, ne le corrige pas, ne cherche pas à y aller de ton commentaire : les auditeurs n'ont pas à savoir que tu es au fait de ce que l'autre raconte. Viendrais-tu à prendre la parole à cette occasion, ce serait faire preuve de légèreté non moins que de mauvaise éducation. Que tes rapports avec ton ami soient toujours fondés sur l'agrément. Avec ton ennemi, tu seras toujours en procès : entre lui et toi, ce sera toujours bataille d'arguments, et tu n'auras de cesse que tu n'aies obtenu un jugement qui soit clairement en ta faveur. Mais s'il s'agit de l'ami, n'oublie pas qu'il ne saurait y avoir de juge entre lui et toi, sinon sa sagesse et son plaisir.

» Sache que si le sot mérite que ses géniteurs eux-mêmes se détournent de lui, le menteur ne saurait être l'ami de personne, car il n'est d'amitié digne de ce nom que fondée sur le partage fraternel du vrai. Comment le mensonge pourrait-il dire son mot en un tel partage ! Encore le souci de vérité ne doit-il pas te conduire à te fâcher avec l'ami sous le prétexte que tu as décelé en lui un trait qui te déplaît. Non, tu dois lui rester fidèle, car l'ami est le cellier où renfermes ton secret, ton honneur, ta virilité. Et tu ne l'abandonneras pas même si la nécessité te commande de l'abandonner. Dans ce dernier cas, ne point le secourir, c'est encore le trahir.

» En regard de quoi tu voudras bien te souvenir que le meilleur des frères et des auxiliaires est celui qui tiendra toujours à ta disposition le secours de son conseil, sa sincérité entière. Tout ce qui est bon sur terre relève de ce souci du vrai : le plus grand mérite auprès de Dieu, tu l'obtiendras par l'authenticité de tes actes ; le meilleur compliment te viendra de ceux dont les lèvres ne mentent pas et qui seuls ont droit au nom d'hommes ; le meilleur des amis sera celui qui ne te cache pas son âme ; le meilleur des intimes te prêtera toujours franchement son épaule et son soutien, s'il est désintéressé, ne contredira jamais la crainte et le respect dus à Dieu ; de même le meilleur sultan sera celui dont le caractère ne se laissera détourner par aucune turbulence de la droite justice.

Ayant dit, la docte fille s'effaça. La deuxième s'avança et parla à son tour :

– Ô roi, permets-moi de te rappeler ce que Louqmâne[1] enseignait à son fils… Pour être en mesure de juger des trois types de vertus que chacun est censé prendre pour modèle, il faut les avoir vues confrontées aux trois épreuves qui leur servent de révélateur : le sage ne se reconnaît comme sage qu'à l'instant de la colère ; le brave ne se reconnaît comme brave que dans le feu de la guerre ; et ton frère ne se reconnaît comme tel qu'à l'heure où tu as besoin de lui. La leçon vaut pour tout. L'a-t-on assez dit ! L'homme tyrannique sera tourmenté de regrets lors même que le monde entier lui tresserait ses louanges ; tandis que la victime de la tyrannie garde un cœur pur jusque sous les quolibets de ceux qui se croient en position de la blâmer. Et l'homme modéré sera toujours riche, même s'il a faim ; tandis que l'avare est pauvre, eût-il toutes les richesses souhaitables à sa disposition.

» Yahyä Ibn-Mou'âdh al-Râzî[2] parlait dans le même sens… Que la grandeur d'âme d'un individu ne provoque pas par force ton admiration : attends d'avoir observé comment il se conduit sous l'emprise de la colère. Et il en va de même pour son honnêteté : n'applaudis aux prodiges qu'elle te semble accomplir que si tu l'as vue résister à la tentation de la cupidité. Confronté à

1. Sage arabe de la période antéislamique (voir Qoran, 31, 13).
2. Mystique musulman – mort en 258/871.

ton prochain, dis-toi que la prévoyance est de mise : tu ne sais pas quel hiver de son tempérament il te faudra affronter un jour.

» On rapporte que l'Envoyé de Dieu – que le salut et la bénédiction de Dieu soient sur lui ! – tint un jour ce sermon : « Quoi de plus étrange que le cœur de l'homme ! La sagesse y coule de source, et ses actes trahissent tout ce qui est sage. Le Dieu Très-Haut lui accorde-t-Il sa colère, il n'en tire que ressentiment. Que la peur se fasse jour en lui, et c'est tout son esprit qui cède aux tourments de la crainte. Que la bonne fortune lui permette d'amasser quelque bien, et cette opulence toute fraîche le fait aussitôt quitter le bon chemin. Que la misère s'obstine à le serrer, toutes ses pensées ne font que ressasser en vain cette gêne qu'il ne songe même pas à combattre. Que la faim s'acharne sur lui, il prend prétexte de sa faiblesse pour rester assis. Oui, ce cœur est livré à tous les contraires : en lui cohabitent toute la générosité et toute la mesquinerie du monde. »

» D'où cette sage recommandation qu'adressa un jour Mouhammad Ibn-'Abdallah[1] à un homme qui lui demandait conseil :

» – Mon conseil ? Il est simple : arrange-toi pour être à la fois roi en ce monde, et roi à l'instant d'accéder aux Fins Dernières.

» – Et que dois-je faire pour cela ?

» – N'accorde aucune importance aux biens de ce monde, et tu seras roi en ce monde, et pareillement roi à l'instant où il te faudra affronter l'épreuve des Fins Dernières.

La deuxième fille termina son discours sur ces mots. Lui succéda la troisième, qui baisa le sol devant le maître de Damas avec le plus grand respect, puis se redressa et dit :

– Chaque fois qu'il s'apprêtait à prier, à peine avait-il achevé ses ablutions rituelles, 'Atâ' al-Aslamî[2] fondait en larmes et on le voyait secoué par d'irrépressibles sanglots. A ceux qui lui demandaient la raison de cet accès d'émotion, il répondait :

---

1. Mouhammad Ibn-'Abdallah al-Sayrafî, mystique musulman – mort en 330/941.

2. Mystique musulman (IIe/VIIe siècle).

» – Vous rendez-vous bien compte de ce qu'il m'arrive ! Je m'en vais me présenter devant le Dieu Très-Haut !

» On rapporte le même trait concernant 'Ali, fils d'al-Housayn, fils de Zayn al-'Abidîne[1], qui avait l'habitude de s'exclamer en pareille circonstance :

» – Devinez un peu devant qui je suis admis à comparaître... à qui j'aurai la faveur de parler en secret !...

» J'aimerais rappeler ici cette parole de Soufyâne al-Thawrî[2] : « Si le souffle de la vie était à bonne demeure dans le cœur de l'homme, ainsi qu'il se devrait, celui-ci s'envolerait de joie, mû par le désir de rejoindre le Paradis – ou par celui d'éviter le feu de l'Enfer. » Ce même al-Thawrî qui disait aussi : « Jeter un regard sur le visage de l'homme tyrannique, c'est déjà un péché. Le chef de la prière lui-même, si te vient le soupçon qu'il s'égare, ne le regarde qu'avec l'œil de la réprobation, et veille à ce qu'il ne s'avise pas d'aller se prononcer sur ta conduite.

» En matière de religion aussi, le pire cohabite avec le meilleur. On raconte qu'à côté de chez Soufyâne al-Thawrî demeurait un aveugle qui avait grande audience. Chaque fois qu'arrivait le Ramadâne, le mois du Jeûne, il gagnait le fond de la vallée et dirigeait la prière devant une foule recueillie. Soufyâne pour sa part résumait en ces termes l'opinion qu'il avait du personnage : « Au Jour de la Résurrection, les lecteurs du Qoran ici rassemblés s'avanceront et on leur dira : En prêtant l'oreille aux discours de cet aveugle, vous n'avez rien fait d'autre que hâter un peu plus la course qui vous conduisait vers la mort. » Il arrivait bien sûr que l'un des présents se mît en tête de protester : « Voyons, Abou-'Abdallah, crois-tu que je m'entendrai tenir ce langage, moi qui n'ai cessé de me tenir en ta compagnie ! » A quoi l'autre répliquait : « Je n'en sais rien, mais je crains fort de m'entendre dire, en ce qui te concerne : Il paraît que cet homme n'a cessé de se tenir en ta compagnie... pourquoi ne lui as-tu pas prodigué de meilleurs conseils ? »

---

1. Descendant d'un des petits-fils du Prophète.
2. Chef d'une importante école mystique – mort en 161/778.

La troisième fille en avait fini. Elle rejoignit le rang de ses compagnes, et s'avança alors la quatrième – qui à son tour baisa le sol et s'adressa respectueusement au gouverneur :

– Sachez tous – et que Dieu vous prenne en sa miséricorde ! – qu'on en revient toujours à ces paroles de Bichr[1], qui ne faisait au demeurant que rappeler des propos attribués à Khâlid al-Tahhâne[2], le Meunier : « Gardez-vous des manifestations sournoises de l'idolâtrie, aimait à répéter celui-ci. – De quelles manifestations veux-tu parler ? s'étonnaient ceux qui l'écoutaient. – De cette méchante manie, entre autres, que vous avez de prolonger à plaisir vos prosternations à l'heure de la prière, histoire de bien montrer à tout un chacun à quel degré de componction vous en êtes rendus. » Et d'ajouter : « Toi qui pries, cache ton zèle comme tu cacherais tes fautes ! »

» Irait-on suspecter la foi de Bichr et des siens ? Même l'austère Ahmad, fils de Hannbal[3], leur rend hommage. On rapporte qu'un jour, la sœur du « Va-nu-pieds » était venu le consulter sur un point de conduite : « Nous avons toujours occupé nos nuits à filer la laine, et c'est ainsi que nous subvenons à nos besoins. Il arrive que notre travail soit facilité par la lumière des flambeaux que l'on allume sur la terrasse de la maison d'en face, celle des Zâhir, gouverneurs de Baghdâd. Ce secours est-il bien licite ? – Qui es-tu donc, ma petite fille, l'interrogea Ibn-Hannbal, pour me poser si pieuse question ? – Je suis la sœur de Bichr al-Hâfî. – Ô vous, tous les parents de Bichr, s'écria alors Ibn-Hannbal, que Dieu ne permette pas que je vous perde, si je ne vous vois plus ! Je ne cesse d'entendre dire du bien de vous, de votre sainte crainte de Dieu : je sais qu'elle est dictée par la sincérité non moins que par le respect. »

» Je tiens cette sentence d'un homme fort versé dans la science religieuse : « Quand Dieu veut faire du bien à l'un de ses serviteurs,

1. Il s'agit de Bichr al-Hâfî, le « Va-nu-pieds », autre mystique – mort en 227/841.
2. Mystique lui aussi, contemporain de Bichr.
3. C'est le fameux Ahmad Ibn-Hannbal (mort à Baghdâd en 241/855), fondateur de l'une des grandes écoles rituelles de l'islam.

Il ouvre pour lui la porte de l'efficience, et lui ferme celle de l'orgueil – lequel ne conduit l'homme qu'à s'exclure de la vraie communauté des Croyants. » Oui, la vrai foi n'est qu'affaire de contrition intime, non point d'ostentation. Rappelez-vous Mâlik Ibn-Dînâr[1]! Il passait son temps à courir les marchés, afin de confronter son désir à la tentation de tout ce qui pouvait s'offrir à lui. « Ô mon âme charnelle, disait-il, patience ! patience !… l'heure n'est pas encore venue de céder au plaisir. Si je te brime ainsi, c'est pour que tu te nourrisses du meilleur : de la seule saveur que dispense la piété. » Et il ajoutait : « Contrecarrer les désirs de l'âme charnelle, c'est la garder en bonne santé. La laisser suivre ses penchants, c'est la conduire au malheur. »

Ainsi avait parlé la quatrième fille. La cinquième lui succéda, et de ses lèvres coulèrent ces mots :

– Je ne vous ferai que ce court récit : il a pour héros Mansoûr Ibn-'Ammar[2]. Mais je lui cède la parole…

»… Je me trouvais en route pour le Pèlerinage de La Mekke quand je fis halte dans la ville d'al-Koûfa. Il faisait nuit noire et j'errais par les rues des faubourgs lorsque j'entendis une voix qui criait dans l'obscurité : « Ô mon Dieu, mon Maître, je t'assure que je n'ai pas voulu Te désobéir en commettant ce péché ! Si j'ai agi ainsi, ce fut par ignorance. Outre cela, ne m'ont abusé et poussé à la faute que ma propre misère – et ma propre sottise. Ma voici à présent devant Toi, cherchant refuge en ta Miséricorde ! Si Tu venais à rompre entre Toi et moi ce lien que Tu as établi pour me soutenir, quel malheur pour mon jeune âge ! » Ayant surpris ces paroles, je me hâtai de prononcer à haute voix ce verset du Livre révélé par Dieu : « Ô vous qui avez cru, gardez vos personnes et vos proches du Feu qu'alimentent indifféremment les gens et les pierres… »[3] Et j'entendis, non loin, un bruit sourd : comme d'un objet qui aurait chu par terre. Puis plus rien, plus la moindre parole. Le lendemain matin,

---

1. Autre mystique musulman – mort en 128/746.
2. Mystique lui aussi ; il mourut en 225/840.
3. Qoran, 66, 6. Une tradition ancienne veut qu'en enfer, même les pierres brûlent.

revenu sur les lieux pour en avoir le cœur net, je croisai en chemin un cortège funéraire conduit par une vieille femme qui avait
l'air à bout de forces. « Qui est donc ce défunt ? m'enquis-je
auprès d'elle. – C'est mon fils. Il priait tout près d'ici, au milieu
de la nuit, quand il a entendu dans l'ombre une voix qui récitait
un verset de l'illustre Qoran. De saisissement, sa vésicule biliaire
s'est rompue. Il est mort dans l'instant – que la miséricorde de
Dieu soit sur lui ! »

La cinquième, qui venait de parler, laissa cette pieuse histoire
à la méditation de l'assemblée. Les larmes perlaient à ses yeux.
La sixième prit sa place et s'exprima ainsi :

– Ô roi du temps, encore quelques anecdotes, pour ton édification...

» On raconte que Soulaymâne[1] posa un jour cette question à
Abou-Hâzîm Ibn Abou-Dînâr[2] : « Comment peut-on tenir envers
Dieu une conduite équitable ? – En cultivant en ton âme une
conscience bien lucide, répondit Abou-Hâzîm ; elle seule te permet d'espérer la pardon de tes fautes, petites et grandes. Le vrai
serviteur de Dieu, pourvu qu'il ait la ferme intention de combattre en lui le péché, la victoire lui est donnée. Telle est notre
unique richesse ; toutes les autres, si elles ne contribuent pas à
nous rapprocher de Dieu, ne conspirent qu'à notre malheur. Se
contenter de peu de biens ici-bas, voilà le tout ; car à l'heure des
Fins Dernières, on ne saurait avoir l'âme habitée par un vain
souci de profusion – à moins d'oublier qu'une fois le seuil fran-
chi, on n'a plus besoin de grand-chose. Si tu ne recherches en ce
monde que le peu qu'il te faut pour y survivre, te voilà déjà
récompensé ! »

» – J'aimerais connaître, à présent, poursuivit Soulaymâne,
laquelle de toutes les créatures te paraît la plus méritante ? – Celle
dont toute parole est sincère et qui ne fuira pas tes questions,
même si tu lui demandes un service, même si tu la menaces – Et
quelle est la plus méritante des aumônes ? – Celle qu'offre celui

---

1. Soulaymâne Ibn-Harim al-Qourachî : autre mystique (IIe/VIIIe siècle).
2. Autre mystique – mort en 140/757.

qui n'a presque rien, surtout s'il contraint son indigence sans attendre de reconnaissance – et sans s'offusquer au cas où l'on refuserait son présent. – Et parmi les invocations à Dieu, la plus méritante? – Celle que l'on prononce en faveur de qui vous a accordé un bienfait. »

» Mais Soulaymâne avait encore d'autres questions : « Peux-tu me dire quel est à tes yeux l'homme le plus intelligent? – Celui qui a reconnu l'impérieuse nécessité d'obéir à Dieu, qui agit en conséquence et incite les autres à faire de même. – Et le plus sot? – Celui qui, sous l'effet de la passion, s'emporte contre son frère; car il n'est pire tyrannie que celle qui choisit de vendre ses frères plutôt que de renoncer à telle vanité où s'aveugle le monde. – Et maintenant, ô Abou-Hâzîm, donne-moi un conseil, un seul. – Ce sera celui-ci, qui contient tous les autres : Ne fais pas reproche à Dieu de tout ce qui est mauvais ici-bas; même dans le doute, glorifie-Le ! »

» Ayant dit, il se leva et tourna les talons, mais l'autre le rattrapa par la manche : « Écoute-moi, ô Abou-Hâzîm, j'aimerais te remercier : daigne accepter ces cent pièces d'or, que tu pourras dépenser pour le bien de ceux qui te ressemblent! » Abou-Hâzîm les prit, les jeta par terre et dit : « Si je me trouvais à ta place, la main tendue vers toi pour te les offrir, je n'accepterais pas de te voir les prendre. Comment donc les accepterais-je au bénéfice de ma propre personne? Non, dans tous les cas, je préfère me réfugier en Dieu contre le danger que représente tout cet or ! »

» Encore une histoire – elle nous vient, celle-ci, de Houdhayfa al-Mar'achî[1]. Laissons-le parler :

» – Je venais d'entrer à La Mekke en compagnie d'Ibrâhîm Ibn-Adham[2]; or cette année-là, Chaqîq al-Balkhî[3] accomplissait aussi le Pèlerinage. Tous deux se retrouvèrent à l'occasion de la déambulation rituelle autour du Sanctuaire de la Ka'ba et

1. Mystique musulman (IIe/VIIIe siècle).
2. Mystique musulman (IIe/VIIIe siècle).
3. Autre mystique, mort en 194/810 en combattant les ennemis de l'islam.

Ibrâhîm demanda à Chaqîq : « Explique-moi sur quel principe tu fondes ta conduite. – Rien n'est plus simple : si on nous dispense à discrétion notre nourriture quotidienne, nous la mangeons ; et si on nous la refuse, nous patientons. – Mais ceci est bon pour les chiens de la ville de Balkh ! s'indigna Ibrâhîm. – Si l'on veut. Et toi, que proposes-tu comme modèle de conduite ? – Eh bien, si l'on nous offre le peu de nourriture dont nous avons besoin, nous évitons d'abord de tout manger ; et si nous venons à manquer, nous louons Dieu et le remercions quand même. » Sur ces mots, Chaqîq s'assit aux pieds d'Ibrâhîm, prenant rang parmi ses disciples, et déclara : « A compter de ce jour, je te considère comme mon Maître. »

» Et ceci pour conclure, qui nous vient de Mouhammad Ibn-'Imrâne[1]. Je le laisse raconter :

» A un homme qui lui demandait : « Sur quoi parviens-tu à appuyer cette confiance que tu ne cesses de manifester à l'endroit du Dieu Très-Haut ? », j'ai entendu un jour Hâtim al-Asamm[2] – le Sourd – répondre : « Sur quatre certitudes : j'ai fini par comprendre que la nourriture qui m'était destinée, nul ne pouvait la manger à ma place, et cette découverte a soulagé mon âme charnelle de beaucoup d'angoisse ; j'ai également compris que la mort viendrait quoi qu'il arrive, et j'essaie de m'habituer à cette idée ; j'ai compris enfin qu'il est vain de s'imaginer pouvoir échapper au regard de Dieu, et depuis ce jour-là j'éprouve une honte sincère à me conduire au rebours de ce qu'Il souhaite. »

Ainsi parla la sixième fille. L'ayant écoutée à la suite des cinq autres, le gouverneur de Damas s'étonna : se pouvait-il que de si jeunes créatures eussent une telle éloquence, des connaissances si étendues, et cette sagesse qui n'hésitait pas à dispenser les plus doctes conseils d'adoration ! Il les passa en revue : elles

---

1. Mystique lui aussi (IIIe/IXe siècle).
2. Il s'agit de Hâtim al-Balkî (mort en 237/851), dit « le Sourd » – depuis qu'il s'était fait passer pour tel afin d'éviter la honte à une dame de la bonne société, qui avait lâché en sa présence un vent retentissant.

réunissaient au surplus toutes les qualités d'harmonie et de beauté. Il n'y avait plus qu'à laisser parler celle qui les lui avait amenées – soit l'aimable enfant qu'avait répudiée le saint personnage dont nous avons parlé au début de ce récit...

Elle s'avança à son tour, baisa le sol comme avaient fait ses compagnes et en y mettant tout autant de respect, puis servit au gouverneur ce discours :

– Nous avons pu entendre de la bouche de ces filles, ô roi, des propos qui dénotent une authentique familiarité avec les canons de l'ascétisme. Eh bien, je m'en vais leur emboîter le pas.

» Laisse-moi d'abord te rapporter quelques traits qui m'ont frappée :

» Mouhammad Ibn-Idrîs[1] – Dieu le prenne en sa miséricorde ! –, dont tu n'ignores pas qu'il passait parmi les juristes pour un ascète accompli, avait coutume de diviser le temps de chaque nuit en trois parties : l'une pour étudier les sciences de la religion et s'y perfectionner autant que possible, la deuxième pour prier, et la troisième seulement pour dormir. Abou-Hanîfa[2], lui, procédait autrement : c'était la moitié de sa nuit qu'il s'employait à vivifier par la prière. Ayant un jour croisé un homme qui le louait de passer la totalité de ses nuits en oraison, il eut cette phrase d'excuse : « J'ai honte devant le Dieu Très-Haut de me voir attribuer un mérite dont je ne puis me prévaloir qu'à moitié. » Et à compter de ce jour, ce fut sa nuit entière qu'il se mit à vivifier par la prière.

» Ceci encore, dûment transmis par al-Rabî[3] : on assure que le même al-Châfi'î dont il vient d'être question – le Dieu Très-Haut le prenne en sa miséricorde ! – récitait le Qoran soixante fois en son entier chaque mois de Ramadâne, et ce uniquement pendant les heures dévolues à la prière. Tout ce qu'on raconte de

1. Il s'agit d'al-Châfi'î (voir note 6, p.43).
2. C'est le célèbre jurisconsulte (mort à Baghdâd en 767), fondateur de l'école juridique hanafite.
3. Mystique (IIᵉ/VIIIᵉ siècle).

lui nous le montre comme un modèle de prudence. « Voilà vingt ans que j'évite de manger à ma faim, expliquait-il, car la satiété alourdit le corps, engraisse le cœur, endort la sagacité – et provoque le regret. Autant de conséquences qui ne peuvent qu'affaiblir l'adoration que nous devons à Dieu. » Un jour qu'on lui posait une question et qu'il gardait le silence, à celui qui s'en étonnait il répondit : « J'attends de me prononcer : savoir si j'ai plus de mérite à me taire qu'à parler. »

» Et maintenant, je m'en vais moi aussi te conter une histoire. Écoute ! C'est 'Abdallah Ibn-Mouhammad al-Salwî[1] qui parle...

» – Je me trouvais un jour en compagnie de 'Amr Ibn-Bounâne[2] et nous échangions divers propos concernant les ascètes adorateurs de Dieu, lorsqu'il me confia qu'il n'avait de sa vie rencontré homme plus sincère ni mieux pénétré du respect dû à Dieu que Mouhammad Ibn-Idrîs al-Châfi'î. « Un jour, j'eus l'occasion de faire route avec lui ainsi qu'avec al-Harîth Ibn-Labid[3], me raconta-t-il : nous comptions nous rendre à al-Safa. Al-Harîth, qui avait reçu des leçons de Sâlih al-Mouzanî[4], possédait une belle voix. Il se mit à réciter : "Il ne leur sera pas permis de parler ; ainsi ne pourront-ils présenter leurs excuses..."[5] J'observais al-Châfi'î – que Dieu l'ait en sa miséricorde ! – et le vis soudain frissonner, en proie à un grand trouble. L'instant d'après, il perdait connaissance et s'effondrait sur le sol. Quand il reprit ses sens, ce fut pour nous dire : "Je me réfugie en Dieu !... Qu'Il me préserve d'être jamais du nombre des menteurs ou de ceux qui encourent le reproche d'inattention. Ô Dieu, notre Dieu, à Toi sont soumis les cœurs de ceux qui jouissent de la connaissance initiatique. Les tourmentés du désir de Toi, tous confondus, Te vouent la même vénération mêlée de crainte. Ô Dieu, notre Dieu, accorde-moi en don gracieux ta Générosité, couvre d'un voile mes imperfections, pardonne à mes insuffisances en mettant en

1. Mystique (IIe/VIIIe siècle).
2. Mystique (IIe/VIIIe siècle).
3. Célèbre récitateur du Qoran (IIe/VIIIe siècle).
4. Célèbre récitateur du Qoran (IIe/VIIIe siècle).
5. Qoran, 77, 36.

œuvre les faveurs de ta Miséricorde ! " Sur quoi nous l'aidâmes à
se relever et reprîmes notre route. »

» Et le même 'Amr, toujours cité par al-Salwî, poursuit :

» – Un peu plus tard, je venais d'arriver à Baghdâd où il
séjournait, et voilà qu'un jour où je me tenai accroupi au bord
du fleuve, occupé à mes ablutions – car c'était l'heure de la
prière –, il vint à passer près de moi. Et je l'entendis qui pro-
nonçait ces mots : « Purifie-toi bien, jeune homme, et que Dieu
te comble de bienfaits en ce monde aussi bien qu'au seuil des
Fins Dernières ! » Je me retournai : il me sembla le reconnaître.
Une petite troupe de fidèles lui faisait escorte. J'achevai en hâte
mes ablutions, pressé de le rejoindre, et il m'accueillit par ces
mots : « Aurais-tu un service à me demander ? – Oui, répondis-je.
Je voudrais que tu me délivres une part de cet enseignement que
tu as reçu de Dieu le Très-Haut. – Eh bien, fit-il, sache que celui
qui ajoute foi aux préceptes de la religion échappe à la ruine.
Celui qui néglige les biens de ce monde contemple d'un œil
serein le chemin difficile qui le conduit vers Dieu. Voilà. Dois-je
t'en dire davantage ? – Oh, oui ! – Alors écoute-moi : traite en
ascète les biens de ce monde et réserve ton désir pour ceux qui
risquent d'avoir quelque valeur à l'instant des Fins Dernières.
Que tes actes soient dictés par la crainte respectueuse du Dieu
Très-Haut, et tu seras sauvé. » A la fin je hasardai à l'adresse de
l'un de ceux qui étaient là : « Mais qui est donc cet homme ? –
C'est al-Châfi'î, me répondit-on. »

» Al-Châfi'î, je te le rappelle, ô roi, ne souhaitait progresser
dans les sciences de la religion que par respect de la Face de
Dieu – non point pour rameuter une cour d'auditeurs, et moins
encore pour amasser des richesses. « Il me plaît, aimait-il à répéter, que les gens puissent tirer fruit de mon savoir, sans que pour
cela l'on songe à m'attribuer la moindre théorie. » Et encore ces
mots, de lui toujours – et sur lui l'agrément de Dieu ! – : « Nul
jamais ne m'a adressé la parole sans que j'eusse le désir de lui
faciliter la vie, de l'aider à redresser sa dignité, de lui porter
secours. Chaque fois que j'avais un entretien avec l'un ou l'autre,
toujours je gardais en tête ce seul but : que mon interlocuteur

pût recevoir le plus directement possible le soutien de Dieu, le Très-Haut, et tout le réconfort que réclamait son existence, sans qu'il soit besoin d'y ajouter plus qu'il ne fallait de mes humaines paroles ; car il est indifférent que Dieu S'exprime par mes paroles ou par la conscience d'autrui – Sa Vérité seule importe. » Et cette autre sentence, pour en finir avec l'exemple d'al-Châfi'î – sur lui encore la miséricorde et l'agrément de Dieu ! – : « Si tu es au fait de la Loi et que tu crains de voir ta science de juriste prêter main-forte à ton orgueil, remémore-toi quelle satisfaction intime de l'esprit doit te procurer pour finir Celui que tu cherches, quelle part du bonheur céleste auquel tu aspires Il t'a réservée, quel châtiment éternel Il souhaite te voir éviter, quelle santé de tout ton être Il t'offre au bout du chemin – ce dont tu n'auras jamais fini de Le remercier –, quelle Paix enfin Il a ménagée pour toi à la fin des fins ! »

» Apprends encore ceci, ô roi, continua la jeune conférencière : ceci qui nous vient d'Abou-Hanîfa – que Dieu le prenne en sa miséricorde ! On sait que c'était un ami de la réflexion et des longs silences, et qu'il se méfiait des vains bavardages. Ayant appris un jour qu'Abou-Djafar, l'Émir des Croyants, avait ordonné de lui faire remettre dix mille pièces d'argent, il résolut de refuser ce présent. Le lendemain, s'attendant à recevoir la visite de l'émissaire du khalife, porteur du cadeau, il récita la prière de l'aurore et, sitôt après, s'enveloppa entièrement dans son manteau et s'astreignit à un silence absolu. Vint l'émissaire, porteur de l'argent : c'était al-Hassane, fils d'Abou-Qahtaba. Il se fit annoncer et fut bientôt introduit auprès d'Abou-Hanîfa, mais ce fut pour constater que ce dernier refusait de lui parler. Il se fit pressant, si pressant même que l'autre consentit à la fin à rompre son silence : « Je m'interroge, dit-il, et ne sais toujours pas s'il m'est licite ou non d'accepter cette somme. Ce que je sais en revanche, c'est que l'influence qu'elle risque d'avoir sur mes sentiments personnels ne me plaît guère. » Sur quoi le messager suggéra : « Que ne t'en ouvres-tu directement auprès du khalife ? Ça ne t'engage à rien, puisqu'il te sera loisible à tout instant de rester sur tes gardes. » Ce qui lui valut cette réponse : « Me convierais-tu à plonger tout habillé dans la mer avec la promesse de ne pas mouiller mes vêtements ? »

» Je finirai, ô roi, par un petit discours que l'on attribue à Soufyâne al-Thawrî[1]. C'est en ces termes en effet qu'il adressa un jour ses conseils à 'Ali Ibn-Hassane al-Silmî :

» – Il importe en premier lieu que tu sois sincère en tout. Garde-toi de mentir, de trahir, de t'associer aux traîtres. Il n'est pas de trahison qui ne repose sur un principe de fausseté. Garde-toi aussi, mon frère, des fausses apparences, en paroles comme en actes. Les considérer, c'est déjà s'y soumettre. Méfie-toi de l'infatuation. Un bienfait ne prend pas plus de valeur si l'on s'admire de l'avoir accompli – c'est même tout le contraire. Ne restitue l'argent que tu dois qu'à celui qui veille à payer ses dettes – c'est là simple sagesse. Ne t'assois qu'en la compagnie de celui qui t'encourage à te détourner des biens de ce monde et à te préparer dans la perspective des Fins Dernières. Évite de fréquenter ceux qui se noient dans les flots d'un bavardage où il n'est question que des richesses terrestres : leur babil ne peut que corrompre ta piété et la pureté de tes sentiments intimes. Rappelle-toi sans cesse que tu dois mourir un jour, et demande en conséquence à Dieu de te pardonner les fautes qui pèsent sur ton passé. Cela revient à Lui demander la paix pour le futur de tes jours. A tout Croyant qui te consulte sur la religion, veille à donner le bon conseil. T'en dispenser, c'est le trahir ; et qui s'avise de trahir un Croyant, sache-le, c'est Dieu et son Envoyé qu'il trahit. Tu aimes ton frère ? Alors ne lui marchande ni tes richesses, ni ton dévouement.

» Et Soufyâne poursuivait :

» – Évite aussi les disputes, les controverses, car elles portent immanquablement à l'injustice, à la sournoiserie, au crime. Garde-toi de l'emportement, de la colère, qui sont sources d'impiété – et nourrissent donc le Feu de l'Enfer. Ne méprise pas celui qui s'attache à étudier la science religieuse, sinon crains de mériter son mépris. Applique-toi plutôt à fréquenter les gens de

1. Voir note 2, p.60.

cette sorte, car leur commerce te renvoie à la miséricorde divine, au lieu que leur dédain risque de t'en écarter. Tes soupçons à l'égard d'autrui ? Jettes-en la plus grande part, ou fais comme s'ils n'existaient pas. Il te suffit que ta conscience aille bien droit : tu sauras de toi-même agir comme il convient, t'interdire ce qui est à blâmer[1], et tu seras de la sorte le Bien-Aimé de Dieu. Perfectionne tes sentiments cachés : c'est la seule façon d'embellir ton apparence aux yeux du monde. Garde surtout courage : si tu as en vue quelque projet qui puisse te servir à l'heure des Fins Dernières, retrousse tes manches et mets-toi au travail avant que Satan n'ait eu le temps de s'interposer entre toi et la résolution que tu as prise. Que les défauts qu'il t'arrivera de déceler chez les gens n'entravent pas non plus ton regard ; et que ta marche soit facilitée par le but qu'elle ne cesse de se donner. Accepte les autres, reçois de bon cœur leurs excuses, ne perds pas de temps à les détester : celui qui obéit à Dieu n'a aucune raison de se détourner de celui qui a rompu avec Dieu.

» Et il terminait — tout de même que je terminerai — par ces mots :

» — Ne refuse pas ton aide à tes proches, mais ne te détourne pas pour cela de celui qui t'opprime : tu seras ainsi le compagnon des Prophètes, des Envoyés de Dieu, des Témoins de la vraie Foi. Que ta première préoccupation soit dictée par la crainte de Dieu : cela doit être clair aux yeux des autres, qui t'observent ; et plus clair encore à tes propres yeux. Cette crainte — il n'en est pas d'autre pour qui veut bien se souvenir que nul n'échappe à la mort, pour qui se prépare à la Résurrection finale, à l'ultime Rassemblement aux pieds du Tout-Puissant (qu'Il soit exalté et glorifié !), pour qui n'ignore pas qu'il sera jugé selon ses actions avant de prendre le chemin de la Demeure à lui destinée, Paradis du bien-être éternel ou Feu infernal dont la mort elle-même n'interrompt pas le tourment —, oui, cette crainte seule nous rappelle à tout instant comment il convient d'en agir avec Dieu.

Ainsi prit fin le sermon de l'aimable prédicatrice. Ayant parlé,

---

1. Qoran, 3, 110.

elle s'en revint sagement s'asseoir au milieu de ses six compagnes. Le gouverneur de Damas, l'oreille encore pleine des paroles déversées par toutes ces lèvres féminines, n'en revenait toujours pas de tant d'éloquence, d'édifiante piété, de ferveur dans l'adoration, de science au service de la Foi ! Submergé par ce qu'il venait d'entendre, il ne savait qu'une chose : que les charmantes enfants qui se trouvaient là réunies dépassaient en mérite les plus grands esprits de son époque.

Il se dirigea vers la fille-maîtresse qui commandait à toutes, bien décidé à se montrer généreux avec elle. Ses ordres le montrèrent assez : il mit à sa disposition – c'est-à-dire à celle de la petite troupe – un palais où elles pourraient demeurer aussi longtemps qu'elles le voudraient, et y fit transporter tout ce que l'on pouvait souhaiter en fait de nourriture, de boisson et de commodités. Elles surent en profiter, et nul ne les dérangea pendant les dix jours que dura cette hospitalière retraite. Au bout de quoi le gouverneur se mit à rendre des visites empressées à la tendre conférencière qui l'avait si bien sermonné. A chaque fois, il la trouvait en prière, toute possédée par l'adoration de Dieu. Ce comportement ne laissait pas de l'intriguer ; il lui inspira bientôt le plus grand respect.

« On ne peut douter, se disait-il en lui-même, qu'une adoratrice si convaincue ne soit à placer au premier rang des êtres dignes d'admiration, des Croyants les mieux pétris de vertu, des vrais amis de Dieu ! »

A la fin, un jour qu'il se trouvait en tête-à-tête avec elle, il se décida à lui faire cet aveu :

– Ô adoratrice de Dieu, j'ai besoin d'un conseil. Sache que le Très-Haut m'a refusé la faveur d'obtenir un héritier : aucune de mes femmes n'a su m'en donner. Qu'en penses-tu ? N'es-tu pas d'avis qu'il pourrait me naître un fils du commerce que je m'apprête à entretenir avec ces six filles offertes en présent par le sultan d'Égypte ? Ainsi se trouverait dissipée ma tristesse.

– Ô roi puissant, tu as voulu recueillir mon avis ? Eh bien, apprends que si tu tiens vraiment à avoir une progéniture de ces filles, il te faudra d'abord t'imposer tout un jour de jeûne et de retraite solitaire. Je mettrai quant à moi ce laps de temps à profit pour aller visiter mes frères, les hommes de l'Invisible. Dès le lendemain, je serai de retour.

Le roi suivit son conseil, se retira un jour entier et jeûna. La rusée commère pendant ce temps s'était arrangée pour se soustraire aux regards indiscrets. Le lendemain, comme promis, elle reparut et se présenta dans les appartements du prince, qu'elle salua avec toute la déférence voulue. Lui s'était levé en son honneur, plein d'impatience; il lui baisa la main et dit :

– Sois la bienvenue chez nous, ô dame vertueuse, ô fille de l'ascétisme !

– Ô mon fils, lui déclara-t-elle, les hommes de l'Invisible t'adressent par faveur leur salut. Il m'ont assurée que tu étais devenu pour eux comme un frère. Je leur ai rapporté notre conversation de l'autre jour, et ce dessein que tu as conçu après avoir écouté les six filles. Simplement ils ont exprimé la volonté de les rencontrer, afin de pouvoir insuffler en elles leurs bénédictions. Ainsi chacune d'elles, après t'avoir reçu, donnera naissance à un fils; et chacun de ces fils brillera de la même lumière que le soleil.

– Ô ma petite mère, si je ne craignais à ce point de te désobéir, jamais je ne laisserais ces filles repartir, même sous ta surveillance. Mais, bon… je tiens trop à voir répandue sur elles la bénédiction des hommes de l'Invisible – si cela seul suffit à leur permettre de me donner des enfants. Emmène-les donc, mais ne tarde pas trop. J'ai déjà hâte de les rejoindre.

– Patience, ô mon fils ! Je ne serai pas longue. Je resterai absente trois jours de temps en leur compagnie, pas plus. Après quoi nous nous empresserons de retourner vers toi.

– Ô ma petite mère, je sais l'étendue du service que tu me rends. Je ne demande à Dieu qu'une chose : pouvoir te récompenser un jour selon tes mérites !

C'est ainsi que la belle parleuse quitta Damas avec armes et bagages, à la tête des six filles qui lui faisaient bonne escorte. Au bout de trois jours de marche, elles avaient quitté le territoire sur lequel le maître de Damas a autorité. Se sentant hors d'atteinte, elles décidèrent de diriger leurs pas vers une autre ville d'importance, où elles pourraient poursuivre en paix leur manège. Leur jeune maîtresse avait fait ses calculs : à ce jeu, et puisqu'il s'avérait que les talents de chacune pouvaient être monnayés au prix fort, elles pouvaient tenir pour assuré de ne jamais manquer de rien.

Point ingrate, la fine donzelle remercia le Dieu des mondes d'avoir si bien favorisé sa chance ; et elle Le remercia plus encore quand elle fut, en peu de temps, à la tête d'une agréable fortune. Tout cela parce qu'un beau jour son mari, le saint homme, l'adorateur de Dieu, avait prononcé contre elle la formule de répudiation – et ce, dans le seul souci de se rapprocher de son Maître le Très-Haut ! Oui, décidément, songeait-elle, louanges à Dieu pour tout ce qu'Il lui plaît d'accomplir. Car l'habile manigance, comme bien l'on se doute, fut plus d'une fois renouvelée.

III

LES SOLITAIRES DE BYZANCE

A quelque temps de là, celui qui venait de recevoir le titre d'Associé du Pouvoir – Charîk al-moulk – se trouva dépêché par son père le sultan de Baghdâd vers les frontières de l'Empire pour combattre les Incroyants. Ayant quitté la capitale à la tête d'une armée, il chemina vingt jours de temps. Le vingt et unième, lui et ses gens parvinrent en vue d'une vallée qui étalait ses riants paysages à leurs pieds. Le lieu était vaste, arrosé par quantité de ruisseaux ; partout régnait la verdure, partout les arbres étendaient leur ombre. Charîk donna ordre à son armée de faire halte. Il comptait bien demeurer quelques jours en cet endroit.

On mit donc pied à terre, on dressa les tentes, puis chacun se dispersa afin de reconnaître les alentours. Lorsque vint la nuit, Charîk annonça qu'il monterait lui-même la garde à quelque distance du camp. Il avait envie d'explorer les parages ; envie aussi de laisser un peu de champ au coursier de race qui lui servait de monture. Il chevaucha ainsi, de-ci, de-là, tout le premier tiers de la nuit. Et puis, sentant venir la fatigue, il s'étendit un instant et prit quelque repos. Le sommeil le trouva ainsi et le submergea bientôt. Gloire à Celui qui ne se départ jamais de sa vigilance, gloire à Celui qui ne dort pas !

La minuit déjà était passée quand Charîk se réveilla. D'un

bond il fut sur pied ; il enfourcha sans tarder sa bête et reprit sa ronde. Tout à sa course, il ne se rendit pas compte qu'il s'écartait peu à peu de la vallée. Enfin il lui fallut bien se rendre à l'évidence : il avait perdu son chemin ! Il chevauchait depuis un moment sous le couvert d'une épaisse forêt. Au-dessus de lui, les arbres entremêlaient leurs branches et lui cachaient le ciel. A la fin, comme il s'inquiétait de trouver le moyen de sortir de là, il déboucha sur une vaste clairière toute cernée de frondaisons, occupée en son centre par un pré qui semblait annoncer ceux du Paradis. Là-haut, à présent, le ciel était dégagé : la lune pleine éclairait le firmament où ne s'apercevait aucun nuage. Son étonnement, déjà grand, ne fit que croître quand il entendit une voix non loin de lui. Oui, on parlait là-bas, et de façon plaisante, semblait-il ; et bientôt un rire vint se mêler aux paroles, si agréable à entendre qu'il suscitait dans le cœur de celui qui venait d'en surprendre les échos un étrange sentiment : un sentiment où l'affection, déjà, ne manquait pas d'avoir sa part.

Charîk avait mis pied à terre. Il longea un moment la futaie qui l'abritait de son ombre, puis il découvrit une rivière. Une odeur de fleurs d'eau embaumait la rive, portée jusqu'à lui par la caresse d'une brise sans poids : comme si la clarté elle-même de la lune eût été une haleine chargée de parfums. Le cœur transporté par la beauté du lieu, cédant soudain à une bizarre sensation d'allégresse et frissonnant comme à l'heure du plaisir, il s'entendit murmurer :

Belle est la terre, qu'ornent cent fleurs
doucement épanouies, non loin
du ruisseau où l'eau se hâte
à pas légers.

Le Dieu de Majesté, le Tout-Puissant
distribue ainsi ses dons et prodigue
ses parures au paysage
qui n'a pas besoin d'autres joyaux.

Il avait à peine terminé que la voix entendue tout à l'heure déchira de nouveau le silence. Cette fois, nul doute n'était permis : c'était une voix de femme. Et elle s'exprimait en arabe :

– Non ! par le droit de l'Envoyé de Dieu, ceci ne vaut rien ! Il faut nous y prendre autrement : que celle qui renversera au sol son adversaire lui lie les bras derrière le dos à l'aide de sa ceinture !

Charîk inspecta longuement le pré. Ses yeux commençaient à s'habituer à ce mélange de clarté et de pénombre. A la fin il distingua, tout au bout de la clairière, la masse d'une vaste bâtisse surmontée d'une haute tour : on eût dit une sorte de couvent. Les murs luisaient doucement, éclairés par le disque de la lune. Il vit quelque chose bouger vers le milieu de la clairière et s'approcha jusqu'à être en mesure de reconnaître plusieurs silhouettes qui faisaient cercle autour d'une vieille femme. Il observa leur allure, leurs gestes : l'une d'entre elles était la maîtresse, les six autres – toutes de couleur différente – devaient être des servantes. Chacune était comme une réplique de la lune, mais celle qui avait l'air de les commander les surpassait toutes en grâce et en beauté. Longs cheveux noirs, front altier, regard provocant, boucles en crochets de scorpion sur les tempes... avec cela, des joues teintes du sang de la passion amoureuse, deux yeux cernés d'un filet noir, une taille délicieusement flexible – bref elle était comme l'a décrite le poète :

Hautaine ! Mais quelle opulence
en ses regards ! Jeune fille encore,
avec cette pudeur des femmes de Chosroès...

Vers moi elle vient : deux joues
teintées de rose, et une grâce partout en elle
qui joue des mille nuances du mouvement !

Comme si par-dessus la blancheur éclatante
du front, une nuit de soucis – cheveux noirs –
cédait soudain devant la joie de l'aurore.

C'est elle à présent qui parle aux suivantes. Charîk distingue nettement chacun de ses mots :

– Allons-y, à l'assaut ! – tant qu'il en est encore temps, car le matin est proche, et cette nuit doit nous départager...

L'une des servantes s'avançait ; elles s'empoignaient. La lutte fut brève : la servante, vaincue, mordit la poussière ; et après elle les cinq autres. Toutes connaissaient pour finir le même sort : bras liés derrière le dos par une solide ceinture. Une fois venue à bout de sa tâche, la jeune femme se tourna vers la vieille :

– Allons, tu as bien encore, parmi tes petites élèves, une fille avec qui je puisse vraiment lutter...

Mais la vieille ne l'entendait pas de cette oreille :

– Ainsi donc, fille libertine, s'écria-t-elle, tu prends plaisir à terrasser ces simples gamines ! Attends un peu : je m'en vais te montrer qu'il n'y a pas de quoi se vanter. Tu veux te battre ? Tu t'estimes assez forte pour cela ? Eh bien, mesure-toi donc avec moi ! Pas plus tard qu'au premier assaut, tu te retrouveras la tête serrée entre mes cuisses... et tu m'en diras des nouvelles !

La jeune fille eut un sourire.

– Ô dame, tu m'autorises vraiment à lutter avec toi ?

– Absolument !

Déjà la vieille se redressait de son haut, tous les poils du corps en bataille, transformée soudain, eût-on dit, en hérisson. Puis, faisant face à la jeune fille :

– Par le droit du Christ ! Si nous devons nous battre toi et moi, nous le ferons toutes nues ! J'en fais ici le serment !

Et déjà elle ôtait sa tunique, son pantalon. A la fin, elle s'empara d'un simple mouchoir de soie cramoisie dont elle se ceignit les reins. Elle était comme une ourse furieuse forcée par les chasseurs, comme la femelle du serpent moucheté prête à lancer son attaque.

– Allons, vite, fais comme moi !

L'autre prit sagement une serviette – l'un de ces fins carrés de tissu que l'on fabrique au Yémen –, la disposa autour de ses reins, puis fit tomber ses vêtements un à un, et ses pantalons bouffants pour finir. Alors apparut un corps qui était comme une perle fine, éclatant de blancheur, reluisant de santé : une poitrine du plus beau marbre – celui où l'on taille la vasque des fontaines – portant deux seins bien ronds, bien pleins, comme deux fruits de grenadier ; et puis un ventre tendrement creusé de vallons ombreux ; et partout cette peau dont la transparence évoquait quelque cristal où l'on eût exposé des anémones en bouquets.

La belle enfant se courba, saisit d'un brusque mouvement la vieille à bras-le-corps, et toutes deux s'étreignirent avec force. Levant la tête vers le ciel, Charîk adressa ses invocations au Très-Haut : il souhaitait en son cœur que la jeune fille l'emportât. Juste à cet instant elle se baissait, prête à se glisser entre les jambes de la vieille, et hasarda une prise des moins attendues : une main entre les fesses de son adversaire, l'autre la saisissant par la nuque, d'un puissant effort des deux bras elle la plia quasi en deux et la souleva d'un coup de reins. Mais la vieille lui échappa et s'étala de tout son long, jambes et fesses écartelées bien en montre sous l'éclairage dispensé par la lune. Et l'intimité de ce fondement laissa échapper un vent sonore qui donna à tous l'impression que la terre elle-même se fendait. Charîk manqua s'en étouffer de rire mais parvint tout de même à se contenir. Plus forte que tout était sa curiosité.

Déjà la belle lutteuse se portait au secours de la vieille, lui tendait un manteau de soie, l'aidait à s'habiller, s'excusait auprès d'elle :

– Ô dame, il n'était pas dans mon intention de te laisser choir si brutalement, mais tu m'as glissé des mains. Dieu en soit loué, tu t'en es tirée sans dommage !

La vieille ne pipa mot. Toute à sa colère, elle préféra s'éloigner, suivi du regard par les six servantes toujours garrottées. L'autre les dominait de toute sa jeune taille, riant de leur déconvenue.

« Les dons de Dieu empruntent souvent les voies du hasard, songeait Charîk : celui-ci déjoue toute attente ! Pour sûr, le Très-Haut ne m'a conduit en ce lieu qu'afin de me permettre de capturer cette adorable fille et ses six compagnes. Est-il au monde butin plus précieux ? »

Et, rejoignant son coursier, il l'enfourcha, l'éperonna. La bête partit comme la flèche que vient de lancer l'arc, droit vers l'assemblée des filles. Sabre nu à la main, Charîk poussa son grand cri de guerre. Dès qu'elle le vit foncer ainsi vers elle, la jeune fille qui commandait la petite troupe fila vers le cours d'eau et le franchit d'un bond. A présent en sécurité, elle cria à l'adresse du cavalier :

— Eh, toi, l'homme ! Pourquoi interrompre de la sorte nos jeux si plaisants, et nous courir sus avec ton sabre nu comme si nous étions l'armée ennemie ! Qui es-tu, d'où viens-tu, où vas-tu ? Réponds franchement, car le mensonge est la marque des âmes viles ! Te serais-tu égaré jusqu'à cette prairie ? Sais-tu bien que si je pousse à présent mon cri à moi, quatre mille soldats armés par Byzance feront l'instant d'après cercle autour de toi ! Voyons un peu ton intention. Si tu cherches seulement à retrouver ta route, nous t'indiquerons le chemin. Si tu veux de l'aide, sache qu'elle t'est acquise. Nous nous piquons de noblesse et de générosité, et les habitants de ces contrées en savent quelque chose.

— J'appartiens à la communauté des Musulmans, répondit Charîk. J'ai perdu de vue mes compagnons à la faveur de la nuit. Soldat je suis, en quête de butin bon à prendre, et il n'en est pas de meilleur, je trouve, que ces six filles par tes soins entravées. La lune va m'aider à les cueillir : il leur faudra bien me suivre jusqu'au campement où m'attendent mes hommes.

— Doucement, l'interrompit l'intraitable jouvencelle. Crois-tu donc que ces filles constituent un butin de guerre ? Et tu aurais la couardise de faire main basse sur des créatures sans défense, les bras liés derrière le dos ! Est-ce là un geste équitable ! Que je sache, votre Prophète interdit de telles pratiques. Quant à moi, je ne sais ce qui me retient d'appeler du renfort : un seul cri suffirait, je te l'ai dit, et ce pré se trouverait aussitôt envahi par une ruée de cavaliers et de fantassins en armes qui fondraient sur toi. Mais je ne traiterai pas ainsi un étranger égaré en ce lieu. Non, ce que je vais te proposer est plus loyal : un simple combat entre toi et moi, pourvu que tu veuilles bien descendre de ce coursier et me jurer par ta Foi que tu n'emploieras aucune arme de guerre contre ma personne. Si tu es vainqueur, je serai ta captive : tu me compteras parmi tes servantes et mes compagnes compléteront ton butin. Si je l'emporte... eh bien, j'en userai avec toi selon mon bon plaisir.

» Allons, fais-moi ce serment ! Sans quoi je craindrais trop que tu ne cherches à me tromper par quelque stratagème. J'ai lu vos recueils de Traditions. L'une d'elles fait dire à votre Prophète : « Si la fourberie l'emporte dans quelque communauté que ce soit, impossible de faire confiance à l'un quelconque de ses membres. » Mais tu n'as qu'à jurer, par ta Foi, de t'en tenir à ce que je te demande, et je sauterai par-dessus ce torrent pour venir lutter avec toi.

« Cette fille croit-elle pouvoir ignorer plus longtemps mes vertus de guerrier ! songeait cependant Charîk. Ignore-t-elle que nul jamais n'a pu me vaincre ! Eh bien, affrontons-nous, puisque tel est son désir. »

Puis, à haute voix, à l'adresse de la jeune fille :

– Fais-moi jurer ce que tu veux.

– Tu acceptes donc mes conditions ?

– Oui, je les accepte, par le prix de notre Prophète – que le salut et la bénédiction de Dieu soient sur lui !

– Je veux un serment mieux assuré. Jure, plutôt, par Celui qui a logé l'âme dans le corps de l'homme, qui a promulgué à son intention les lois de l'Islam, que tu ne porteras pas la main sur moi avant que nous ne soyons en posture de nous battre, et que si tu enfreins ton serment, ton châtiment sera de périr hors du secours de ta propre religion.

– Par Dieu, s'écria Charîk, même un juge musulman ne saurait inventer un serment assorti d'une si grave menace !

Sur quoi il jura dans les termes qu'on lui avait indiqués, mit pied à terre et attacha son coursier à l'arbre le plus proche. Perdu dans ses réflexions, il murmurait pour lui-même :

– Gloire à Dieu qui a donné à cette fille de si aimables formes !

Puis il disposa ses armes et se dépouilla de ses vêtements, ne conservant plus autour des reins qu'une simple pièce d'étoffe, ainsi qu'il convient à un lutteur.

Le voyant en cet accoutrement, la jeune fille éclata de rire :

– Allons, ce n'est pas à moi de passer cette rivière pour venir jusqu'à toi ; j'imagine. Si tu consens à m'affronter, à toi de faire le voyage.

– Mais je crains de sauter, fit Charîk, c'est trop large !

– Voyez-moi ça, trop large ! Attends un peu, tu vas voir comme je vais te rejoindre !

Et, ayant dit, elle releva le bord de sa tunique et, d'un bond, fut auprès de lui.

Il pouvait enfin contempler de tout près sa beauté ! Un corps parfait : de sa vie il n'en avait vu de semblable. La Toute-Puissance divine semblait l'avoir moulé au creuset même de l'Orfèvre de Beauté. Oui, ce corps avait été nourri dans le giron de la Coquetterie, par la main de la plus haute Sollicitude.

– Ô musulman, viens donc vers moi et battons-nous ! Le matin va bientôt nous surprendre.

Elle présenta ses deux avant-bras nus. Sous la lune, on les eût dits façonnés dans un bloc d'argent. Elle frappa dans ses mains, puis s'agrippa à Charîk. Et lui fit de même, et ses deux mains saisirent les formes de la jeune fille. Ils luttèrent, et sa main à lui s'empara de sa taille, si souple. Oui, l'extrémité pulpeuse de ses doigts, ses doigts à lui, était admise à la palper, à plonger dans les plis de ce ventre offert ! Toujours solidement campé sur ses pieds, mais bientôt sans mouvement, il se sentait littéralement enchaîné par le désir. La fine mouche n'attendait que cette occasion. Elle commença par une longue série de secousses. Il était entre les mains de cette femelle comme le roseau de Perse malmené par un vent violent. Alors elle le souleva, le jeta brutalement à terre, et s'assit confortablement sur sa poitrine – sur laquelle elle posa une croupe aussi parfaite en sa courbe qu'une dune de sable.

– Ô musulman, fit-elle à son adresse, tuer un ennemi est chez vous un acte licite. Que dirais-tu maintenant si je t'enlevais la vie ?

– Ô dame, assurer que tuer un ennemi est un acte licite n'est pas tout à fait conforme à la vérité ! Toutes les religions ont leurs lois, et toutes interdisent formellement le meurtre, ainsi notre Prophète Mouhammad nous enseigne-t-il que le meurtre est un acte prohibé.

— Si votre Prophète l'a ainsi voulu, il est de mon devoir d'en agir envers toi selon ses vues. Lève-toi, je te fais don de la vie. Je n'ignore pas que chez les hommes dignes de ce nom, il est d'usage d'affirmer qu'un bienfait jamais ne se perd.

Elle-même se leva et le laissa secouer la poussière qui lui couvrait la tête. Il en rougissait de honte.

— N'aie point vergogne de ce qui t'est arrivé, lui dit-elle. On ne peut rien te reprocher. Mais tout de même, comment se fait-il qu'un cavalier en armes qui pénètre en territoire ennemi pour faire du butin et narguer la puissance d'un roi n'ait pas la force qu'il faut pour se défendre d'une faible femme ?

— Ô dame, protesta Charîk al-Moulk, l'Associé du Pouvoir, tu es injuste ; car ce n'est pas ta force physique qui m'a terrassé. C'est l'amour de toi qui m'a soumis. Si seulement tu me faisais la grâce d'accepter un second assaut, tu verrais que, cette fois, je ne te laisserais pas prendre l'initiative de l'attaque.

Elle rit.

— J'aurais volontiers accepté cette offre, mais voilà trop longtemps que ces pauvres filles gisent dans la poussière. Leurs bras, leurs épaules sont à la torture. Laisse-moi les libérer. Tu veux encore te battre, fort bien. Mais la lutte risque de durer.

S'approchant des servantes qui étaient restées tout ce temps garrottées, elle les délia et s'adressa à elles en ayant soin de leur parler dans la langue grecque :

— Mettez-vous vite en sûreté, et qu'au moins le désir de ce musulman qui n'a rien d'autre en tête que de mettre la main sur vous ne soit pas suivi d'effet.

Elles s'éloignèrent rapidement, laissant leur maîtresse en face de Charîk qui les regarda partir sans un mot, sans un geste, tenu qu'il était par son serment.

La jolie lutteuse cependant retroussait sa tunique pour se mettre à l'aise, révélant la rondeur délicieusement renflée de ses cuisses. Puis les deux adversaires à nouveau s'empoignèrent,

ventre contre ventre collés. Encore une position qui n'avanta-
geait pas Charîk. Repris par le désir, il se sentit devenir comme
une terre molle, tous ses muscles ou presque relâchant leur
effort. La jeune fille s'en aperçut et en profita pour tenter une
prise plus avantageuse. Elle n'eut plus qu'à le soulever, tout
comme s'il n'eût pas pesé plus lourd qu'un oiseau, et à le proje-
ter d'un coup par terre, où il donna durement des reins. Cette
fois, c'est sur le ventre du pauvre garçon qu'elle s'assit.

– Voici ma deuxième victoire. Allons, lève-toi. Je te fais cette
fois encore don de la vie. Tout à l'heure j'ai été généreuse envers
toi au nom de ton Prophète ; à présent, c'est pour faire honneur
à l'étranger que tu es. Mais reçois ce conseil que je te donne : s'il
se trouve parmi les soldats qui t'accompagnent et qui sont venus
jusqu'ici pour nous attaquer un homme de plus de vigueur que
toi, va le chercher et dis-lui que je l'attends de pied ferme. Il est
différentes façons de combattre et je les sais toutes : l'attaque
feinte, l'assaut à l'improviste, la riposte instantanée, la prise de
pied, la clé à la jambe, à la cuisse, le corps à corps serré...

« Par Dieu, songeait Charîk en écoutant cette énumération, si
j'étais le Maître-Coquillard qui règne sur les mauvais quartiers
de Baghdâd, ou tel membre zélé de la confrérie truande, Yahyä
par exemple, je n'aurais pas retenu la moitié des coups que
semble connaître cette donzelle ! »

Puis, s'adressant à elle :

– Par Dieu, ô dame, j'affirme encore que tu ne m'as pas vaincu
parce que tu es la plus forte, mais bien parce que tes perfections
physiques, une fois de plus, ont eu raison de moi. Ignores-tu que
nous sommes connus, nous gens de l'Irâq, pour être les meilleurs
cavaliers et les meilleurs lutteurs ? M'accorderais-tu l'honneur
d'un nouvel assaut, tu verrais enfin ce qu'il en est de ma force et
de ma science. Je sens déjà l'ardeur me revenir !

– Ô toi le vaincu, deux défaites ne t'ont donc pas suffi ! Et tu
oses après cela prétendre à la vaillance ! Allons, bon : si tu veux...
Mais sache que c'est le dernier assaut que je t'accorde.

La jeune fille esquissa quelques pas, puis se mit à tourner
autour de son adversaire, cherchant à le prendre de flanc. Elle

l'observait; c'était vrai : il avait l'air mieux assuré que tout à l'heure, plus circonspect.

— Aurais-tu appris la prudence, ô musulman ?

— Peut-être, et elle s'impose, puisque c'est là ma dernière chance. Le jour va bientôt se lever, et l'un comme l'autre nous irons alors notre chemin.

Elle rit et s'approcha soudain presque à le toucher. La coquetterie semblait déverser sur elle ses flots enjôleurs au rythme de chaque mouvement de son corps. Elle se pavanait, faisait onduler ses flancs, papillonner ses cils. Une fois de plus, elle devina que les muscles de son vis-à-vis, soumis à un excès de tension, allaient crier grâce. C'est alors qu'elle bondit, lui prit la cuisse à pleins bras, le souleva d'un bon coup de reins et l'expédia sur le sol dur — avec lequel son dos refit connaissance.

— Bon, fit-elle en guise de commentaire, il semblerait qu'au lieu de pain, l'on t'ait nourri au son. Serais-tu de ces bédouins fanfarons qu'une chiquenaude expédie le cul dans le sable ? Qu'es-tu donc ? Oui, dis-moi : une odeur fugitive, sans pesanteur, que balaie le vent... un copeau de fer tombé de l'enclume de l'artisan ?... Malheur à toi, ribaud tatoué ! Allons, debout ! Va-t'en rejoindre l'armée de tes frères, et si tu en trouves un qui ait un peu plus de force que toi, envoie-le-moi, je saurai l'accueillir !

Elle prit congé sur ces mots cruels et, d'un bond, fut de l'autre côté de l'eau.

— La séparation d'avec toi m'est pénible, ô musulman, lui lança-t-elle alors d'une voix lourde d'ironie. Va vite rejoindre les tiens avant que le soleil se lève, car les soldats de Byzance, s'ils te trouvent en ce lieu, te ramèneront chez toi à la pointe de leurs lances ! Tu romps devant l'assaut des filles. Que sera-ce devant le fer des vrais soldats !

Il la vit qui s'éloignait en direction de cette bâtisse qu'il croyait être un couvent et son cœur de roi se serrait, en proie à un violent chagrin. Non, le désir était toujours là. Il lui cria :

— Ô dame, ne pars pas ainsi : vois en quel état tu laisses cet étranger, orphelin d'amour, infortuné, triste, le cœur brisé !

— Ainsi donc, à t'entendre, plaisanta-t-elle en se retournant, une amitié serait née entre nous. Que dis-je, une amitié ? – un amour, une passion !... la source de vraies larmes... Mais que veux-tu au juste ?

– Ô dame mienne, tu me laisses fouler la terre où tu es maîtresse, et tu ne me proposes même pas de quoi me restaurer ?...

– Tu as raison, convint-elle. Nous tenons à passer pour des gens généreux. Enfourche ton coursier, suis donc ce cours d'eau comme tu me vois faire sur l'autre rive. Je m'en vais te conduire jusque chez moi. Mon hospitalité t'est offerte. Tu peux en user à ta guise, déciderais-tu même de rester un mois entier sous mon toit. Sois le bienvenu dans ma demeure.

Ces paroles, est-il besoin de le dire, avaient rempli de joie le cœur du bouillant et royal Charîk. Il ne se le fit pas redire, mit le pied à l'étrier, et suivit fidèlement la rivière. Ils parvinrent ainsi à un pont construit de beaux troncs d'arbres – pins et noyers. De l'autre côté attendaient les six beautés aux six couleurs. Leur maîtresse se dirigea vers elles, leur adressa quelques mots en langue grecque, puis les invita à se porter à la rencontre de Charîk et à s'occuper de son coursier. Enfin, ayant rejoint son hôte, elle l'escorta jusqu'entre les murs de leur couvent.

– Voilà que des liens sacrés m'unissent à toi, fit observer l'homme : celui de l'amitié et celui de l'hospitalité. Je suis à tes ordres. Mais j'aimerais te voir un jour m'accompagner en terre d'Islam : je te montrerais les merveilles de Baghdâd, et ce serait pour ton plaisir ; je te montrerais aussi nos vaillants guerriers, et ce serait pour ton édification.

– J'ai entendu louer, lui confia-t-elle, la prodigieuse habileté d'un cavalier du nom de Charîk, lequel tient paraît-il rang de roi chez vous. C'est, dit-on, un héros d'importance. Mais, dis-moi, se serait-il trouvé avec nous en ce lieu, crois-tu qu'il aurait réussi à faire sauter la rivière à son fier coursier ? J'en doute. Tu sais, je connais bien vos héros à vous aussi, les Arabes : j'ai lu vos livres, j'en ai noté plusieurs passages, et j'ai même appris par cœur quelques-uns de vos plus beaux vers.

Ces paroles rallumaient en Charîk la fierté de sa race. Il hocha la tête d'un air pénétré, puis laissa couler ces paroles :

Son visage est comme un paysage où logerait
un intercesseur habile à effacer toute offense.
Ah, quel pouvoir il a partout où se donnent carrière
ses talents de réconciliateur !

Si je la contemple, aussitôt un cri
d'admiration s'échappe de mes lèvres :
« Ô disque brillant de la lune, qui d'autre que toi
saurait éclairer notre marche dans les ténèbres ! »

Si Antar le héros, honneur de la tribu
de 'Abs, avait pu mesurer avec elle sa force
prodigieuse, celle-ci, c'est certain, aurait rendu les armes
devant la perfection de pareille beauté !

Cheminant d'un même pas et devisant comme l'on vient d'ouïr, ils atteignirent le portail du palais qui servait de demeure à la jeune fille, lequel était sommé d'un arc taillé dans le marbre. Tous deux pénétrèrent dans un long vestibule dont la voûte reposait encore sur dix arcs de pierre, où pendaient dix lampes de cristal qui faisaient régner là une lumière comparable à celle du soleil.

Les servantes les attendaient, tenant chacune à la main un cierge de cire parfumée. Elles portaient de jolies robes, chacune différente, et des bijoux d'or où des pierres rares avaient été serties par des mains expertes. Formant escorte, elles précédèrent Charîk et sa compagne jusqu'au salon qui occupait le centre du couvent. Charîk laissait errer ses yeux partout. Des lampes d'or étaient suspendues au plafond, alternant cette fois avec les lustres de cristal. Au fond, on avait ménagé des banquettes de soie brochée d'or ; et les tentures étaient ornées de même. Sur le sol, une mosaïque de marbres de couleur était à elle seule une œuvre de l'art. Au centre de la salle, un bassin accueillait vingt-quatre jets d'eau jaillis d'autant de têtes en or rouge. A la place d'honneur, un lit de repos en ivoire proposait ses coussins : eux aussi étaient de soie, et farcis de duvet d'autruche.

– Prends place sur ce lit, ô mon hôte, fit la maîtresse de céans, sur quoi elle s'éloigna et disparut à ses regards.

Comme il s'en étonnait, les servantes expliquèrent :

– Elle s'est retirée dans sa chambre, où son lit l'attendait. Elle était fatiguée et souhaitait prendre un peu de repos. Elle nous a recommandé de bien veiller à ton service.

Sur quoi elles disposèrent devant lui une table chargée d'une infinie variété de mets, tous plus rares les uns que les autres. Charîk s'installa et fit honneur à ce qui s'offrait. On lui présenta pour finir un bassin d'or fin où il put se laver les mains. Son esprit restait préoccupé. Ses sentiments, ses pensées le portaient vers ses compagnons d'armes : que devenaient-ils ? Il se prit à regretter sa conduite. Mais le sommeil eut tôt fait d'effacer tout cela : à peine s'était-il étendu sur sa couche qu'il s'endormit. Il ne s'éveilla qu'au jour levé encore marqué par les couleurs de l'aurore. Aussitôt il fut debout, s'habilla, et s'abîma de nouveau dans ses réflexions : quelle singulière aventure !

Les servantes le trouvèrent en cette humeur : vingt d'entre elles, cette fois, étaient préposées à combler ses vœux, chacune ayant la perfection d'une lune. Il les vit s'avancer vers lui : et voici qu'au milieu d'elles se tenait la jeune fille avec laquelle il avait combattu la veille. Elle portait une robe de soie à parements d'or, serrée à la taille par une ceinture où brillaient plusieurs sortes de pierres. De quoi saisir le regard et le capturer : car la croupe, ainsi mise en valeur, n'en ressortait que plus agréablement, double dune accueillante à la caresse du vent. Plus haut, c'étaient les deux seins qui jaillissaient du col échancré, comme deux grenades mûres à point.

A ce spectacle, Charîk sentit que son intelligence était sur le point de le quitter, toute prête à s'élever dans les airs, comme eût fait une substance volatile. Il en oublia bien vite soucis et chagrins, ne songea plus à ses frères soldats, et n'eut plus d'yeux que pour ce frais visage que couronnait un fin filet piqué d'émeraudes, de perles, d'hyacinthes et d'autres pierres de prix. Les suivantes de la belle enfant, tandis qu'elle s'approchait d'un pas majestueux, relevaient à l'aide de crochets d'or les deux pans de sa robe. Quelle grâce ! Elle était vraiment comme un fier roseau ployant à peine sa taille sous la brise.

Charîk le roi s'était levé pour se porter à sa rencontre. L'air égaré, comme absent des réalités du monde, ébloui par ce qu'on lui laissait contempler, et qu'il trouvait à perfection, il récita presque malgré lui :

> *Sa lourde croupe fièrement se pavane*
> *et semble la retenir de marcher*
> *avec trop de hâte : modestie que contredisent ses seins*
> *dressés vers le ciel avec arrogance.*
>
> *Elle me cache tout ce qu'elle ressent*
> *– amour, passion – au lieu que moi*
> *j'étale à tous regards*
> *ce trouble que je devrais celer.*
>
> *Tels deux rameaux en fleur se présentent ses joues*
> *et l'on ne s'étonne point de leur trouver*
> *un parfum exquis – le sien –*
> *qui fait oublier celui des roses.*

Elle prit place à ses côtés sur le lit, et put le considérer tout à loisir. Plusieurs fois elle détacha de lui ses regards, mais ce fut, chaque fois, pour revenir vers lui. Non, d'après toutes les descriptions qu'elle en avait vu faire, il ne pouvait s'agir que de lui ! A la fin, n'y tenant plus :

– Comment donc as-tu passé la nuit, ô Charîk, s'enquit-elle, ô valeureux sultan, après que je t'ai laissé en ce lieu ? Tu étais recru de fatigue, et notre petit affrontement à mains nues semblait t'avoir abattu...

– Ô dame mienne, répliqua Charîk en tentant de cacher son embarras, quel est donc ce Charîk... ce roi dont tu veux parler ?

– Allons, mon ami, ne t'abaisse pas à mentir : les âmes nobles perdent toujours à ce jeu. Tu es Charîk, le fils du sultan de Baghdâd. Inutile d'en faire un secret puisque je t'ai démasqué.

La flèche du Destin t'a touché : quelle autre issue pour toi que de te soumettre et d'accepter ton sort ?

Charîk sentait bien qu'il n'était plus temps de nier.

– Je suis Charîk en effet, et je suis roi : mon père est le sultan de Baghdâd, tu as dit vrai. Les traverses du siècle m'ont conduit à m'égarer. Tu sais le détail de ces mésaventures. Fais donc de moi ce que bon te semble.

Comme il baissait la tête, les yeux soudain fixés au sol, la jeune fille vint à son secours :

– Ô roi, sois heureux, ne crains rien. Tu es mon hôte. Entre nous désormais il y a ce pain et ce sel que nous avons partagés. Tu as dormi sous mon toit, tu t'es placé sous mon obédience. Par le prix de l'Envoyé de Dieu, tous les habitants de ce monde viendraient-ils à comploter pour t'atteindre, ils ne le pourraient sans obliger d'abord mon âme à quitter mon corps ! Tu es sous la protection de Dieu et sous la mienne.

Et elle fit suivre cette déclaration de propos si plaisants que la crainte en effet le quitta : « Si elle avait vraiment l'intention de me tuer, se disait-il, elle l'aurait fait cette nuit. » La charmante enfant mettait tout en œuvre pour qu'il recouvrât ses aises. Un ordre en grec lancé aux servantes, et celles-ci avançaient une table, disposaient à leur intention un flacon de vin vieux, emplissaient les coupes de la limpide liqueur.

« Y aurait-elle fait verser quelque poison ? s'inquiéta encore le prince. Se pourrait-il malgré tout qu'elle voulût ma mort ? »

Elle avait deviné ses pensées :

– Chasse ces méchants soupçons, ô Charîk. Si j'avais eu en tête de te tuer, tu le sais bien, c'est par là que j'aurais commencé.

Et, se penchant par-dessus la table, elle goûta devant lui une bouchée de chacun des plats qui se trouvaient là. Charîk avait faim ; elle aussi visiblement. Ils firent honneur à la chère, et de très bon appétit.

On passa les cuvettes d'or pour l'aspersion des mains, puis, sur un ordre de la jeune maîtresse, des plantes odoriférantes, des fleurs, des fruits – et de nouveau du vin, qu'ils burent dans des coupes de cristal serti d'or. Elle avait pris sur elle de se servir la première et de goûter sans attendre la boisson avant de la lui présenter. Il l'en remercia, porta la main à son front, à son cœur, et but à son tour.

– Ô musulman, n'avais-je pas raison ? Vois comme tu es à présent comblé par les plaisirs de la vie !

Et ils ne cessèrent de vider coupe après coupe jusqu'à ce que la boisson eût empli leur tête d'étoiles scintillantes. Alors, sur un signe d'elle, on apporta les instruments de musique. Vingt servantes encore étaient chargées de cet office, et chacune avait le sien, et chacune en jouait à ravir. Charîk, transporté d'aise, sentait l'espace chavirer autour de lui, son âme dansait, et les murs de la salle avec elle. L'une des musiciennes se mit alors à chanter, en grec, et d'une voix si douce, si attendrissante, que c'en était comme la caresse d'une brise.

– Peux-tu comprendre ces paroles ? s'enquit sa compagne.

– Non. Si tu me vois dans ce transport, c'est que le timbre de cette voix à lui seul y suffit, et ces doigts qui si délicatement pincent les cordes du luth !

La jeune fille sourit, et l'instant d'après partit d'un fou rire qui la renversa sur les coussins.

– Dans quel état seras-tu, alors, si je te chante quelque chose en arabe ! lui lança-t-elle.

– Je crois que je ne serai plus le maître de ma raison.

Elle n'attendait que cela. S'emparant du luth, elle chanta :

La séparation a le goût amer
de la myrrhe. Auras-tu la patience
qu'il faut pour la supporter ?

Trois malheurs m'ont frappé :
le refus, la séparation,
l'exil enfin.

L'amour qui brûle en moi ne m'est d'aucune aide
pour déraciner de ma terre mes trois souffrances,
et c'est en vain que de mes mains je creuse jusqu'au roc.

Rappeler que mon affection pour elle
a survécu à la demeure qui l'a vue naître
excusera peut-être ma folie.

Charîk n'avait pu qu'admirer les talents de la musicienne. L'émotion, la passion étaient bien près de lui faire perdre le sens. Le jour avançait. Ils l'occupèrent tout entier à deviser, à boire, à se réjouir – et cela jusqu'au milieu de la nuit. Alors la jeune fille prit congé et regagna son lit à elle ; et Charîk, interrogeant d'un cœur anxieux les servantes sur cette nouvelle absence de son amie et s'en inquiétant, s'entendit répondre que celle-ci avait besoin de beaucoup de sommeil. L'amour était en lui, et si bien établi qu'il le tint éveillé jusqu'au petit jour – à peine s'il lui arriva de consacrer quelques pensées au sort des compagnons qu'il avait laissés au camp.

Au matin, la servante qui semblait jouer le rôle de confidente de son hôtesse le vint trouver et lui dit :

– Ô mon maître, sache que ma maîtresse te convoque auprès d'elle.

Il la suivit.

Ils passèrent une grande porte aux vantaux d'ivoire incrusté d'or et pénétrèrent dans un vaste salon au fond duquel était ménagée une alcôve surélevée au mobilier recouvert de tissus de soie. Tout autour de la salle, des croisées ouvraient sur des frondaisons et sur le pré parcouru d'eaux vives. La jeune fille avait pris place dans l'embrasure de l'une de ces fenêtres, installée sur une large banquette, et contemplait la prairie. Une autre singularité de ce salon : il était décoré sur l'entier de son pourtour de statuettes d'or en forme d'oiseaux, qu'un mécanisme faisait se mouvoir ; au moindre souffle d'air pénétrant dans leur corps de métal ajouré, ils se mettaient en mouvement, et le bruit qui en résultait évoquait mille gazouillis [1].

---

1. De telles statues, rapporte la chronique, existaient au palais du khalife al-Mouqtadir, qui régna à Baghdâd de 295/908 à 320/932.

La maîtresse des lieux cependant s'était levée et venait à sa rencontre. Prenant sa main dans la sienne, elle l'invita à s'asseoir à son côté : avait-il bien passé la nuit, allait-il pour le mieux ? Il la remercia de sa sollicitude, invoqua Dieu en sa faveur. Bref, après les civilités d'usage, ils se remirent à converser d'aussi agréable façon que la veille.

– Ô fils du roi, dit-elle à la fin, je brûle d'entendre tout ce qu'on t'a appris en fait de poésie, qui est bien le domaine où ont toujours excellé les Arabes. Sauras-tu me réciter quelques beaux vers qui traitent de l'amour, qui évoquent les esclaves de la passion ?...

– Si tu le souhaites.

– Connais-tu ceux du poète Kouthayyir[1] ?

– Oreille attentive et bon vouloir !

Il récita :

Mange et bois en paix, ô 'Ouzza,
belle enfant, sans craindre la maladie
qui pénètre l'intimité des corps les mieux aimés.
Que malgré ce malheur qui nous sépare
aucun mal jamais ne t'atteigne !

Ah, plût à Dieu que ma jeune chamelle
fût encore attachée au campement de mon 'Ouzza :
oui, plût à Dieu qu'elle fît toujours
partie de son troupeau, tandis que me reste en partage
ma blessure, et cette flèche par elle décochée !

Elle était tout émue, et d'évidence heureuse de pouvoir parler avec lui poésie.

– Ne trouves-tu pas que Kouthayyir exagère un peu, quand il évoque les charmes de la célèbre 'Ouzza ? Je m'interroge souvent sur ces quelques vers de lui que je m'en vais te dire. Écoute plutôt...

---

1. Poète arabe, mort en 105/723 (voir *La Poésie arabe*, p. 112-115 – Phébus, 1995).

Si nous t'avions comparée à un soleil de beauté,
un juge grognon aurait trouvé moyen de retourner
cette sentence contre toi
au seul avantage du soleil.

Des femmes qui, par un don de Dieu,
s'arrangent pour nous parler rien qu'en montrant
leurs joues nous ont révélé en vain
les imperfections de notre 'Ouzza.

Ayant dit, elle se mit à rêver tout haut :

– On raconte que cette 'Ouzza n'était en rien un sommet de grâce et de beauté. S'il l'a si bien célébrée dans cet état, qu'eût-ce été si elle avait été plus belle !

Après un moment elle ajouta :

– Ô fils de roi, tu dois bien connaître aussi quelques vers de Djamîl[1] ! Laisse-moi t'entendre le citer, quand il chante sa passion pour l'intraitable Bouthayna...

– Oreille attentive, fit Charîk – et il récita encore :

Si je dis : « Ô Bouthayna, que me veut mon assassin
d'amour ? Son intention ? – La même, et plus sévère encore !

répond-elle. Alors rends-moi un peu de mon esprit,
qu'au moins je vive, ô Bouthayna ! – Hors de question,
tu divagues ! »

– Bien récité, ô fils de roi ! Et maintenant, peux-tu me dire ce qu'a cherché à faire entendre Djamîl quand il écrit :

Tu veux ma mort, je le sais, c'est là ton seul désir !
Ah, si seulement je pouvais comprendre
le sens de ce plaisir que tu prends
à tuer qui t'aime !

---

1. Poète arabe, mort en 82/701 (voir *La Poésie arabe*, op. cit., p. 99-100).

Charîk la dévisagea :

– Je m'étonne de cette question... Ce que Bouthayna a fait endurer au pauvre Djamîl ressemble fort au traitement que tu m'as réservé l'autre jour.

Cela fit beaucoup rire la demoiselle, qui n'en fut tout le jour que mieux enjouée. Car cette journée encore, ils la passèrent à festoyer, à vider force coupes, à se taquiner, et à goûter ensemble poésie et musique. Jusqu'à ce que la nuit vînt, et avec elle l'heure du sommeil. Cette fois encore, elle le quitta pour rejoindre son lit à elle, le laissant dormir seul, et priant ses servantes de ne l'éveiller qu'après l'aurore.

Et le lendemain, à l'heure dite, elles s'en revinrent pareillement à son chevet, et pareillement lui délivrèrent ce message :

– Ô notre maître, sache que notre maîtresse te convoque auprès d'elle.

Elles l'escortèrent jusqu'à un autre salon, plus richement décoré encore que celui de la veille. Et les objets qui s'y trouvaient étaient bien propres à plonger l'esprit dans la stupéfaction : outre les oiseaux mécaniques qu'il avait déjà admirés, il y avait là quasi toutes les bêtes sauvages de la création – lions, tigres, guépards, hyènes, daims, gazelles... Au fond, à la place d'honneur, un lit était dressé, et sur le lit se trouvait étendue la jeune fille chère à son cœur.

Elle se leva dès qu'il parut, se précipita à sa rencontre, prit sa main dans la sienne ainsi qu'elle avait déjà fait.

– Sais-tu jouer aux échecs, ô Charîk ? lui demanda-t-elle.

– Oui, répondit-il, mais je crains qu'affronté à toi, mon sort soit à peu près celui qu'évoque le poète :

> *Je parle dans le feu de l'amour,*
> *ce feu qui tue et ressuscite les amants,*
> *et le désir passionné, conducteur de ma caravane,*
> *m'entraîne à sa suite*
> *avec les autres voyageurs.*

Celle que j'aime et que je veux
joue avec moi de case en case
sur l'échiquier de ma vie
et tous mes efforts sont vains,
que déjouent ses subterfuges.

Me voici semblable au Roi
réfugié auprès de la Tour[1]
dans une partie embrouillée
où la Reine et elle seule
conduit le jeu à sa guise.

Tu veux ma défaite ? Il te suffit
pour cela de jeter sur moi tes regards
aiguisés par la coquetterie : dans la vie
comme aux échecs, ils sont
l'arme de ta victoire.

Cela fit encore beaucoup rire la donzelle. Elle déposa les pièces sur l'échiquier, et tous deux prirent place. Charîk fut traité comme il l'avait prédit : chaque fois qu'il réfléchissait à un mouvement possible, ses regards croisaient ceux de son aimable adversaire puis venaient se fixer sur elle. Au lieu de songer au jeu, il songeait à ce visage en face de lui et mettait le Cheval à la place du Fou[2].

— Ne me dis pas que tu sais jouer ! le railla-t-elle à la fin.

— Ô dame mienne, c'est toujours comme ça lors de la première partie.

Mais, après l'avoir battu à la première, elle remit les pièces en place et le battit à la deuxième, puis à la troisième, à la quatrième, à la cinquième.

---

1. En arabe, le Rokh – c'est l'oiseau fabuleux des *Mille et Une Nuits* (le verbe « roquer », toujours employé aux échecs, vient de là).

2. En arabe, l'Éléphant – *al-Fîl* (devenu le Fol, le Fou, dans le jeu actuel).

– Ô Charîk, il me semble que tu t'es fait une spécialité de la défaite !

– Avec toi seulement, ô dame mienne. Seules les filles qui te ressemblent sont en mesure de vaincre ceux qui me ressemblent. Elles allument des incendies dans leur cœur, et contre cela ils n'ont pas appris à se défendre.

Vint à nouveau l'heure de souper et de boire. Ils aimaient cela l'un et l'autre, et le montrèrent une fois de plus, tant auprès des plats qui s'offraient que dans la compagnie des coupes bien remplies. Il ne leur en fallait pas plus pour les mettre dans la joie, et tant pis si la nuit pour la troisième fois allait bientôt interrompre la fête. Ce qui ne manqua pas : l'espiègle enfant retrouva promptement son lit, Charîk le sien, et tous deux dormirent ensuite jusqu'au matin.

La servante-confidente le vint réveiller cette fois encore avec douceur :

– Ma maîtresse t'invite à la rejoindre.

Et il la rejoignit en effet ; et il reprit sa place tout près d'elle ; et l'on apporta une fois de plus nourriture et boisson ; et ils mangèrent et burent à satiété comme il se devait ; et, leurs agapes terminées, ils goûtèrent de même façon tous les agréments de l'heure, vidant force coupes et croquant des fruits... Et le temps ainsi coulait.

Oui, ainsi coula le temps... jusqu'à ce qu'une rumeur au-dehors se fît entendre, laquelle bientôt devint franc vacarme. Charîk jeta un coup d'œil par la fenêtre : des cavaliers accompagnés de fantassins en armes caracolaient tout autour du palais. Byzantins ils étaient, cela se voyait, et leur sabre dégainé brillait. Des paroles fusaient, prononcées dans la langue des Grecs :

– Te voilà en notre pouvoir, ô Charîk ! ô toi le fils de mille cornards !

Charîk n'avait pas eu besoin d'entendre cela pour savoir qu'il était perdu. Ses réflexions prirent soudain le goût de l'amertume : « Par Dieu ! cette fille m'a joué une ruse tirée de son sac ! Ses belles paroles d'hospitalité m'ont abusé : elle ne cherchait qu'à ménager le temps qu'il fallait pour alerter ses sbires. Ne me reste plus que la perspective de mourir... »

Il se tournait déjà vers elle pour lui adresser les plus violents reproches et lui rappeler le pacte conclu entre eux lorsqu'il fut frappé par le changement qui bouleversait son joli visage : il était sombre, et la colère déformait ses traits. A son tour elle se leva et s'alla poster à la fenêtre : les soldats avaient envahi la cour ; ils étaient partout.

Elle appela en hâte sa servante :

– Prends avec toi Charîk, qu'il récupère toutes ses armes, puis tu le feras sortir par la porte secrète : il faut qu'il parvienne à retrouver les siens... il le faut ! Quant à moi, il m'appartient de distraire les officiers grecs : d'abord, éviter à tout prix qu'ils ne se lancent à sa poursuite !

Puis s'adressant à Charîk :

– Je crois savoir qui les a alertés : c'est cette vieille avec qui tu m'as vue m'empoigner hier. Elle aura prévenu le général qui commande ce corps de troupe. Prenez donc garde, ô vous les Musulmans ! Vous voilà bien près de tomber dans les filets d'un méchant traquenard. Le mieux pour vous est de retourner à Baghdâd chercher du renfort : il vous faudra mettre sur pied une expédition d'envergure ; c'est à ce prix seulement qu'il vous sera possible de reprendre l'initiative.

Ce bref discours avait remis du baume au cœur du prince. Il eut tout juste le temps de prendre congé. Déjà la servante l'entraînait à sa suite.

Peu après, un groupe d'officiers en armes envahissait le salon et se présentait à la maîtresse des lieux. Elle accueillit les intrus avec le sourire et s'enquit de leurs désirs :

– Nous sommes venus mettre la main sur ce fugitif qui se cache chez toi. Tu sais de qui nous voulons parler.

– L'homme qui se cache chez moi ?

– Oui, celui qui a poussé ses incursions jusque sur nos terres, et qui n'attend que l'heure favorable pour razzier le pays et tailler en pièces la fine fleur de nos chevaliers ! Sache que le personnage en question n'est rien de moins que Charîk, le prince de Baghdâd !

C'est cette vieille à ton service qui nous a fait savoir qu'on pouvait le cueillir ici. Il faut nous le livrer : nous saurons l'empêcher de nuire. Quant à toi, tu auras en partage notre éternelle gratitude : en l'attirant ici et en le retenant comme tu as fait, tu as offert aux Grecs la plus éclatante victoire !

– Fort bien, répondit-elle sans se troubler. Il est chez moi en effet, et sans armes. Pour l'instant il dort, sans se douter de rien, et vous l'aurez tout à l'heure à votre merci : votre tâche alors sera des plus simples ! Mais je vous vois épuisés… Je sais tout le chemin que vous avez parcouru, tout le zèle que vous avez mis à tailler votre route à travers déserts et forêts. D'abord, reposez-vous. Nous verrons ensuite comment agir au mieux. J'ai justement fait préparer une collation, vous m'en direz des nouvelles : mes cuisiniers se sont mis en frais, et le vin est du meilleur !

C'étaient des soldats, et la convoitise illuminait déjà leur face. Ils ne doutaient pas qu'on allait leur servir du bon, de l'excellent, et que de joyeux moments les attendaient – ne l'avaient-ils pas mérité ?

Et voilà que de bien jolies servantes apportaient des tables, qu'elles les couvraient des mets les plus appétissants ! Et les flacons n'avaient pas été oubliés.

La jeune personne qui avait présidé à tout cela semblait veiller à tout. Elle fit un signe à sa confidente, et on put la voir lui glisser quelque chose à l'oreille : en fait de condiments à ce festin qui commençait si bien, elle venait de donner ordre qu'on introduisît, le moment venu, un discret soporifique dans le vin et dans tous les plats dont ces gens allaient se régaler. Et ce qui devait arriver arriva : quand ils eurent le ventre plein, on les vit les uns après les autres s'abandonner au plus profond sommeil.

Lorsque tout le monde fut bien assoupi, la vaillante jouvencelle rameuta ses servantes, fit étendre des draps fins sur le corps des dormeurs et se retira dans sa chambre, tandis qu'autour d'elle on pouffait de malice et de joie.

Charîk pendant ce temps chevauchait à franc étrier. Il atteignit d'une traite la vallée où campaient toujours les siens.

– Louanges à Dieu ! s'écrièrent-ils, puisqu'Il te rend à nous sain et sauf !

Il donna sans attendre l'ordre de battre en retraite, et toute la troupe prit bientôt le chemin du retour. Pour sa part, entouré de ses six meilleurs cavaliers, il se donna la charge de veiller sur les arrières de la colonne. L'ennemi pouvait surgir d'un instant à l'autre : il importait d'abord de ne pas se laisser surprendre. Il n'avait déjà que trop exposé ses soldats. A lui maintenant d'assurer leur sécurité.

Ils cheminaient depuis un bon moment, lui et sa petite garde loin derrière, quand, se retournant pour interroger l'horizon, il remarqua un tourbillon de poussière : on était bel et bien à leurs trousses ! Il se posta sur une hauteur pour en avoir le cœur net. Bientôt sept cavaliers furent en vue. Lui et les siens se mirent en devoir de les recevoir de la bonne façon.

Parvenus à portée de voix, les nouveaux venus, devinant l'accueil qu'on allait leur faire, bridèrent leur allure, et l'un d'eux lança d'une voix claironnante, en arabe pour être mieux entendu :

– Ô vous qui fuyez, sachez, par le droit de l'Envoyé de Dieu, que notre but est atteint : nous ne souhaitions rien d'autre que vous rejoindre ! Allons, descendez donc de vos montures, ô vous les pleutres, et jetez à terre vos armes : il n'est plus temps de vous battre, vous êtes prisonniers ! Obéissez, et nous vous accorderons généreusement la vie. Si vous refusez de vous rendre, ce sera la mort pour tous – sauf pour votre chef, à qui nous réservons les plaisirs de la captivité !

Des yeux de Charîk semblaient jaillir des étincelles quand, ayant écouté jusqu'au bout, il leur adressa cette réponse :

– Que voilà un discours de chiens ! J'y répondrai en soldat : n'attendez rien d'autre de nous que le combat ! Si vous avez le dessous, vous serez nos prisonniers. Car c'est notre terre à nous qu'à présent vous foulez, et cela sans permission. Vous voulez la guerre ? Nous sommes à votre disposition, mais nous ne méritons pas vos injures. Nous vous les ferons donc rentrer dans la gorge. Oui, par Dieu, j'affirme qu'aucun de vous ne reverra son pays !

Puis, se tournant vers ceux de son escorte :

— Ces gens se présentent en ennemis, à vous de vous en occuper comme il convient, leur cria-t-il. Ils sont sept et nous sommes sept. Que chacun en prenne un au bout de sa lance !

C'était là un ordre d'assaut. Les cavaliers byzantins accueillirent la charge d'un cœur impassible : sous leurs casques, on eût dit autant de statues de pierre. Le choc fut rude. Le fer froissait le fer. Sabres et lances étaient à la besogne, et celle-ci semblait devoir durer. Mais il était tard et déjà le jour déclinait. A la nuit tombée, ils durent se séparer ; chacun d'évidence semblait résolu à tenir ses positions jusqu'au matin.

Charîk rassembla les siens : quatre d'entre eux étaient blessés.

— Par Dieu ! s'écria-t-il, voilà de fameux cavaliers ! Je n'en ai de ma vie contemplé d'aussi vaillants à l'ouvrage !

— Ô notre maître, lui avouèrent-ils alors, c'est surtout celui qui les commande qui nous inquiète. Nous l'avons vu assener des coups à faire blanchir les cheveux d'un nouveau-né, et pourtant c'était comme s'il se battait pour rire. S'il l'avait voulu, il aurait pu saisir mainte occasion de nous occire. Or à chaque fois que l'un de nous se découvrait imprudemment, il retenait son bras : comme s'il eût voulu nous épargner...

Voilà en effet qui était étonnant. Charîk en resta songeur.

— Demain, leur déclara-t-il, nous irons par rang, l'un après l'autre. Et advienne que pourra. Je vous l'ai dit : ils sont sept et nous sommes sept, tous bons cavaliers. A qui ira la victoire ? A ceux qui méritent le mieux la protection de Celui qui veille du haut des cieux !

Les Byzantins de leur côté tenaient eux aussi conciliabule.

— Nous avons porté de bons coups à ces musulmans, observaient-ils, mais rien qui nous autorise à crier victoire.

— Demain, ordonna leur chef, nous nous battrons encore à cheval, mais cette fois en ayant soin de nous en tenir chacun à un adversaire bien précis.

Tous approuvèrent, et l'on se sépara pour aller dormir. Les

uns et les autres allumèrent un feu, organisèrent des tours de garde pour éviter toute surprise. Et le lendemain matin, de part et d'autre, on était prêt au combat.

C'est à l'un des compagnons de Charîk que revint l'honneur d'ouvrir les hostilités. S'avançant vers ceux de Byzance, il les apostropha à belle voix :

— Y aurait-il parmi vous un téméraire qui consente à se battre en duel avec moi ?

L'un des Grecs – il avait l'air tout jeune – se porta aussitôt vers lui. Sous son casque, il montrait des joues d'éphèbe, où le poil ne poussait pas encore. Les deux adversaires caracolèrent un moment, chacun cherchant à surprendre la défense de l'autre. Ils se tournaient autour, esquivaient un assaut, se dérobaient. Et l'on vit soudain le jeune Grec tourner sa lance, la saisir tout près de la pointe, et en administrer un terrible coup de talon à son vis-à-vis. L'autre ayant vidé les étriers sous le choc, ce fut un jeu pour l'assaillant que de lui tomber dessus avant qu'il eût le temps de se remettre debout. A l'issue de quoi l'infortuné musulman fut promptement fait prisonnier.

Charîk lança un ordre, et un autre se précipita pour occuper la place que venait de laisser le vaincu. La bataille ressembla en tout point à celle qui venait d'être livrée l'instant d'avant : le jeune fils de Byzance eut recours aux mêmes procédés, et celui qui l'avait défié se retrouva prisonnier. Charîk, inquiet de la tournure que prenait l'affrontement, réunit le reste des siens et leur fit part de sa décision.

— Je ne comprends pas ce qui se passe, mais du train où vont les choses, cela risque de mal finir. Je ne vois qu'une solution : que je me porte moi-même, dès à présent, à la rencontre de leur meilleur champion.

S'étant donc avancé, c'est au chef des Byzantins qu'il porta son défi. Celui-ci sortit du rang, et tous virent s'élancer le plus beau cavalier qui fût : aussi parfait à sa manière qu'une lune dans la plénitude de sa course. Sur sa robe à manches en satin bleu était passée une fine cotte de fils d'acier, et son casque lançait à la ronde de clairs reflets. Clair lui aussi, et accrochant la

lumière, le sabre qu'il tenait d'une main ferme – une lame
confectionnée par les artisans de l'Inde – captivait tous les
regards. Ses joues à lui aussi étaient imberbes, mais son pied
tenait fermement le flanc de son coursier : une superbe bête à la
robe noire, frappée au front d'une marque blanche en forme de
pièce d'argent.

Parvenu au milieu de l'arène, il lança à l'adresse du jeune
prince de Baghdâd :

– Ô Charîk, approche un peu : tu vas nous aider à distinguer
le brave du poltron. Tu es le chef de ton peuple ; je suis chef aussi
chez moi. Tu sais quelle doit être la fin de tout cela : celui de
nous deux qui sortira vainqueur du combat prendra le vaincu
pour captif et en usera à sa guise.

Il avait à peine fini de parler que Charîk, tel le lion sauvage en
proie à la colère, fut sur lui. Le combat cette fois fut serré, les
deux adversaires semblaient près d'en venir au corps à corps.
Charîk avait pris l'initiative, mais le Grec résistait et déployait à
cette tâche autant de compétence que de vigueur.

Les forces semblaient égales, que ce fût à la lance ou au sabre,
dans l'assaut ou dans la feinte. Et les heures passaient. Et le soir
arriva. Il leur fallut bien se séparer. De retour parmi les siens,
Charîk ne chercha pas à cacher son admiration : le chevalier
grec était un brave, et qui savait frapper fort. Mais autre chose
l'intriguait :

– Vous aviez dit vrai, je n'ai jamais vu chose plus étrange
depuis que je suis dans le métier des armes ! Vous l'avez remar-
qué : chaque fois qu'il pouvait me porter un coup fatal, il
s'arrangeait pour ne pas pousser à fond son avantage ; à croire
qu'il cherchait à me ménager. Et cette façon de se servir du talon
de sa lance au lieu d'y aller de la pointe ! Quelle étrange manière
d'agir ! Ah, comme j'aimerais compter dans nos rangs un cavalier de cette trempe !

Charîk dormit jusqu'au matin, mais fut prompt à retourner
au combat. Le chevalier grec l'attendait déjà. Le prince de
Baghdâd l'attaqua sans préambule. L'affrontement ce jour-là
fut plus dur, souvent au corps à corps, les coups assenés sans

merci, et grands furent les risques courus de part et d'autre. Mais la nuit vint encore une fois sans que l'un ou l'autre pût se prévaloir d'un véritable avantage. Retournés parmi leurs camarades, les deux champions purent enfin souffler : on commentait les exploits du jour, chacun pesait ses chances...

– Par le prix de l'Envoyé de Dieu ! – et c'était le Grec qui parlait ! – j'affirme que nous avons affaire à un gaillard qui ne manque pas d'initiative. Il est comme l'étalon : fait pour saillir et assaillir ! Demain sera donc le jour qui décidera de tout...

La nuit fut bonne à l'un comme à l'autre, et l'aurore les trouva prêts. Charîk laissa monter en lui la juste colère et, à l'instant de mettre le pied à l'étrier, il lança à ses compagnons :

– Je sens que c'est pour aujourd'hui : à moi de mettre fin à la carrière de ce jeune héros – le laisser vivre serait un trop grand danger pour nous.

L'autre était déjà à son poste, les armes au clair. Ils se remirent à l'ouvrage, épées et lances s'essayant tour à tour à tous les coups possibles, au rythme inlassable de leurs assauts. Il en alla ainsi jusqu'au milieu du jour. A un moment donné, le coursier du Byzantin broncha et, perdant soudain l'équilibre, s'effondra de toute sa masse, entraînant avec lui son cavalier qui se retrouva le nez dans la poussière. Charîk, pressé d'en finir, levait déjà son sabre quand son adversaire l'arrêta d'un cri :

– Il suffit, ô Charîk !... retiens ton bras ! Nul doute, tu es prompt à l'attaque, et cavalier accompli, mais tu es aussi fils de roi... Sans doute tu peux chercher à profiter de ce que je me trouve jeté à terre ; mais tu y perdras tes vertus d'homme généreux. Seuls se conduisent ainsi ceux dont l'âme est dévoyée. Au lieu que si tu me laisses me remettre en selle, tu gardes une chance de remporter une vraie victoire contre moi : une victoire de haute lutte. Ton adversaire a mordu la poussière, soit : mais non point par ton fait ; simplement parce que le sabot de sa bête a bronché.

Charîk recula d'un pas. Le casque du Grec venait de glisser, révélant les traits de son visage. Et ce visage était celui de la jeune fille qui, quelques jours plus tôt, avait accueilli le prince égaré en son couvent et l'avait sauvé de la mort ! Oui, c'était cette jeune personne et nulle autre : celle qui lui avait permis de reprendre le chemin de son pays ! La main du prince laissa retomber son sabre. Sans plus réfléchir, il prit la douce enfant dans ses bras et la serra fort contre lui.

– Mais pourquoi, ô dame mienne, en agir comme tu viens de le faire ? s'étonna-t-il dès qu'il lui fut permis de reprendre souffle.

– Il me fallait te mettre à l'épreuve. Guerrier tu es : je me devais de mesurer ta valeur sur le terrain, d'éprouver la force de tes coups à l'épée comme à la lance. Quant à ces six chevaliers qui m'accompagnent, tu les connais : ce sont mes six suivantes favorites. Elles ont vaincu tes cavaliers au combat, ont même fait prisonniers certains d'entre eux. Moi-même, tu l'as compris, je t'ai épargné en bien des occasions : pourquoi crois-tu que je te frappais du talon de ma lance au lieu d'y aller à franc estoc ! Si ma monture ne s'était pas dérobée sous moi, je t'aurais encore montré de quoi je suis capable...

Ayant dit, elle ordonna à ses servantes de libérer leurs captifs, ce qu'elles firent sans se laisser prier. Après quoi elles s'en vinrent baiser le sol devant Charîk pour lui marquer soumission et respect. Il les en remercia :

– Des soldats comme vous, leur vraie place est auprès des rois, dans les rangs de la garde – même si le cœur a quelques raisons de vouloir vous épargner les mauvais moments qui sont le lot du combattant.

La jeune fille y ajouta son compliment :

– Il a dit vrai : l'éducation que je vous ai donnée n'aura pas été vaine.

Sur un signe de Charîk, ses compagnons s'avancèrent à leur tour. On les mit au courant de toute l'affaire, et c'est d'un même mouvement qu'ils baisèrent le sol aux pieds de la jeune fille.

On partagea gaiement nourriture et boisson, on s'accorda ensuite un bref instant de repos. Tous avaient hâte cependant de rejoindre l'armée de Charîk, qui avait dû poursuivre sa route. Ils chevauchèrent longtemps, la jeune fille et le prince côte à côte,

et purent à ce train rattraper sans trop de peine le gros des soldats. Il leur fallut encore traverser avec eux plaines et désert,
tant et si bien que leur troupe se retrouva un jour en vue de la
ville de Baghdâd.

Charîk suggéra à sa compagne et aux servantes de sa suite de
laisser là leurs vêtements masculins et de s'habiller comme il
convenait à des jeunes filles de leur rang. Les cœurs ayant parlé,
il accorda aux six belles servantes de celle qu'il avait élue
d'épouser les six chevaliers de son escorte : ces six preux qu'elles
avaient si bien battus au combat des armes. Leur maîtresse de
son côté y consentit volontiers et les affranchit toutes, afin de leur
permettre de convoler librement.

IV

LA DISPUTE DE BAGHDAD

Des messagers cependant avaient été dépêchés à Baghdâd auprès du Grand Sultan afin de lui annoncer le retour de son armée : Charîk était à sa tête, sain et sauf, et une jeune femme l'accompagnait ; un cortège officiel devait être mandé au plus tôt, car il convenait de leur faire bon accueil. En attendant de pouvoir faire son entrée dans la ville avec toute la solennité requise, le prince avait fait établir ses quartiers hors les murs. Lui et les siens passèrent là leur première nuit, mais dès l'aurore ils étaient en selle et prenaient le chemin qui conduit à la porte de la grande cité.

Vinrent à leur rencontre vizirs, hauts responsables de l'État et tous les personnages les plus en vue de la cour, et l'on fit la meilleure réception à Charîk et à sa compagne. Après quoi le cortège, en grande pompe, parcourut les rues de la ville et ne s'arrêta qu'une fois rendu au palais du Gouvernement.

Le Grand Sultan attendait avec impatience son royal fils et tint à se lever en son honneur, puis l'ayant salué selon les termes officiels en usage, il le serra dans ses bras. On s'installa, on échangea des nouvelles, et Charîk sans attendre transmit à son père les renseignements que lui avait fournis sa compagne et son intention d'entreprendre au plus tôt une grande expédition militaire contre les Grecs de Byzance. Il lui conta surtout par le détail les singuliers épisodes de son aventure.

– Cette fille que tu vois a décidé de quitter le couvent fortifié où elle régnait en maîtresse pour nous suivre : elle a résolu de s'établir ici, en notre compagnie. Les émissaires du roi des Grecs avaient en tête de s'emparer de ma personne par la ruse. Leur idée était de me garder en otage, non sans avoir par la même occasion fait prisonniers une bonne partie des nôtres. Ils avaient à cette fin monté un guet-apens. Ce n'est que grâce à l'intervention de cette jeune personne que j'ai pu y échapper.

Il raconta le premier combat dans la prairie, en vue du couvent, leurs divers affrontements dans les jours qui avaient suivi, enfin ce duel à cheval qui avait été leur dernière épreuve. Il avoua que ses compagnons avaient été bel et bien défaits par les jolies guerrières, qu'ils s'étaient constitués prisonniers, mais que le mal était réparé puisqu'elles venaient de décider toutes de s'unir à eux par les liens du mariage.

Le Grand Sultan eut à cœur de remercier personnellement la jeune fille à qui son fils devait la vie sauve : il mit à sa disposition un palais et lui fit attribuer une généreuse pension dont elle pouvait disposer comme elle l'entendait. Charîk avait à présent licence de lui demander officiellement sa main ; ce qu'il fit – et c'est à l'occasion des noces que la jouvencelle révéla à tous son vrai nom : elle s'appelait « Hourra », « Libre ». Et c'est ainsi que la belle Hourra devint l'épouse de Charîk, prince de Baghdâd. Oui, ce fut ainsi que celle qui s'était vue, si jeune, répudiée par un adorateur de Dieu confit dans l'ascétisme se retrouva à même de se bâtir le plus bel avenir à l'ombre du pouvoir suprême, autorité et richesses étant désormais à sa discrétion. Gloire à Dieu qui fixe à chacune de ses créatures sa part de bienfaits en ce monde ! Car cette part, Il la mesure avec justice, et nul n'est admis à Lui adresser reproche de ce que dispense la Fortune – celle-ci ne dépendant que de sa Sagesse et de sa Générosité.

La jeune Hourra, ainsi établie, ne renonçait pas pour cela aux activités qui par le passé avaient assuré sa gloire. Elle convoqua bientôt une large assemblée de nobles et de gens de qualité, choisit deux avocats pleins d'éloquence et leur demanda à chacun de prononcer, pour l'occasion, qui un discours en l'honneur des hommes, qui un autre en faveur des femmes.

Le jour venu, ce fut donc le héraut des porteurs de barbe qui parla le premier :

– Souvenons-nous d'abord que Dieu – gloire à Lui ! qu'Il soit exalté ! – impose à chacun d'obéir à ses Lois et de veiller à ne point enfreindre ses Interdits. Aucune puissance ne saurait prévaloir qui contreviendrait à cela : car manquer à la Loi, c'est nécessairement s'avilir. Ô Dieu, notre Dieu, accorde-nous le pouvoir : celui qui récompense l'homme soumis à tes Lois, à tes Ordres. Et nous, suivons l'exemple d'al-Hassane[1] – que Dieu le prenne en son agrément ! – qui nous a si bien montré le chemin d'obéissance, et qui ne cessait de rappeler aux siens que l'insoumission aux décrets du Ciel n'est jamais d'aucun profit. Souvenons-nous enfin, pour en arriver à notre sujet, de ce que disait le Prophète : « Quatre personnes, au Jour de la Résurrection, se verront par le Très-Haut précipitées la tête la première dans le Feu de l'Enfer : la femme qui désobéit à son mari, celle qui passe son temps à geindre, celle dont la malveillance fait du tort à son voisin, celle enfin qui va colportant tous les ragots de la cité. »

» Qu'on me laisse à présent citer Mou'âwiya[2] : « La femme à l'ordinaire l'emporte sur l'homme généreux lui-même ; seul l'homme de méchant caractère peut espérer l'emporter sur elle. Il est des femmes qui sont le malheur personnifié, et pourtant c'est à travers elles aussi que nous accédons aux agréments de la vie. » A ce propos désabusé, le proverbe vient renchérir : « Aux femmes, veillez à dire toujours *non*. Car le *oui* les encourage à demander sans fin. » Et cette autre sentence le dit en moins de mots encore : « Sans limite sont par force les revendications de la femme. »

» Rappelez-vous ce que l'on raconte à propos d'al-Rachîd[3], ce jour où on l'avait vu qui sortait de chez son épouse en riant.

1. Petit-fils du Prophète par sa fille Fâtima.
2. Khalife ommayyade qui régna à Damas de 65/685 à 86/705.
3. C'est le khalife abbasside Hâroûn al-Rachîd, qui régna à Baghdâd de 170/786 à 193/809.

A ceux qui l'interrogeaient sur les raisons de cette hilarité, il avait répondu :

» – Je viens de recevoir de l'Égypte un tribut de trois cent mille pièces d'or que j'ai remis entre les mains de mon épouse Zoubayda, à titre de cadeau. Je ne l'avais pas encore quittée qu'elle s'est mise à me réclamer mille petits arriérés que j'avais oublié, paraît-il, de lui rembourser. Et je l'ai entendue conclure par cette phrase : « Qu'ai-je donc jamais reçu qui vienne de ta main ? »...

» La sagesse populaire, nous le savons tous, désigne la femme comme un « méchant animal », et d'autant plus dangereux que sa force est cachée : « Une seule femelle triomphera toujours de sept assemblées de porteurs de barbe. » Et je me reporterai pour finir à ce propos d'un Arabe bédouin à qui l'on demandait des nouvelles de sa femme : « Tant qu'elle est en vie, elle grappille à droite et à gauche et suce tout ce qui passe à sa portée : vois-tu, j'ai épousé un serpent dont le ventre interminable n'est jamais rassasié ! »

L'avocat qui s'était porté champion des femmes prit alors la parole, et voici son discours :

– Je me bornerai à ces quelques traits, qui nous parlent à tous... Une servante avait résumé un jour l'essentiel de l'affaire en faisant tracer ces mots sur son front : « Mon plaisir consiste à dénouer le cordon de mes pantalons bouffants. » Et cette autre à qui l'on demandait si elle était pucelle : « Je l'étais, mais Dieu a voulu que je guérisse. »

» Mais faisons un peu parler les poètes... Écoutez plutôt l'aimable couplet d'Abou'l-Hassane al-Bâkharzî[1] :

> *Ô créatures de Dieu, lorsque les eaux*
> *ont envahi la terre, faisant peser sur elle*
> *leur poids liquide, l'Arche de Noé*
> *a transporté l'homme et l'a sauvé !*

---

1. Poète mort en 467/1074 ; il fut tué lors d'une réunion entre amis à Bâkharz, près de Nîchâpoûr.

Vois donc ton serviteur, ô Dieu : son désir
est tel que l'envahit pareillement un élément liquide
qui lui vient alourdir les reins...
Que ne le transportes-Tu, lui, sur quelque jolie servante !

» On présenta un jour à Haroûn al-Rachîd une esclave chanteuse qui, assurait-on, connaissait tout le Qoran sur le bout du doigt. Il voulut en avoir le cœur net et lui demanda plaisamment : « Dans quel chapitre du Livre peut-on lire cette phrase : *Elle a grossi et s'est développée d'un vigoureux élan ?* » Elle fit tomber ses pantalons bouffants et répondit : « Dans le chapitre qui commence par le verset : *Nous t'avons accordé une victoire évidente...* »

» Nul d'entre vous n'ignore qu'il en est ici pour tous les goûts... L'un dira : « Préfère la pucelle, c'est en amour la plus ardente, et si elle réclame, c'est pour autre chose que pour des cadeaux. » Certains, tel al-Asma'î[1], décommandent vivement le mariage : « Plaisirs pour un mois, soucis pour la vie. » Et la tradition populaire leur donne raison : « Quant au mariage : douce amitié en ses débuts, et guerre ouverte pour finir. » Mais il y a tant de remèdes à cela...

» Haroûn al-Rachîd – encore lui – aimait passer la nuit entre deux servantes dont l'une était originaire de Koûfa, l'autre de Médine. Elles en étaient à le masser quand la première, poussant un peu plus loin son zèle, s'empara de l'instrument convoité. Ce n'était pas du goût de celle de Médine, laquelle protesta :

» – Sont-ce là des procédés ! Ne sommes-nous pas des associées ?

» – Laisse-moi te répondre ceci, fit l'autre... Une réponse qui nous vient de Mâlik Ibn-Anas[2] – sur lui la miséricorde de Dieu ! –, lui-même tenant ce propos de Hichâm Ibn-'Ourwa[3], lequel le tenait de son père, lequel l'avait recueilli de la bouche même du Prophète – sur lui le salut et la bénédiction de Dieu ! La voici :

1. Lexicographe arabe (fin du IX\e siècle).
2. Fondateur d'un rite juridique – mort en 179/795.
3. Transmetteur de traditions – mort en 145/762.

« Celui qui a su redonner vie à une terre morte, celui-là peut la considérer comme son bien. »

» Celle de Médine, comme on se doute, ne l'entendait pas de cette oreille. Profitant d'un instant d'inattention de sa compagne, elle porta à son tour la main sur l'objet de leur commun désir et répliqua :

» – J'ai à ton service une autre tradition. Elle nous vient d'al-A'mache[1], et avant lui de Khaythama[2], lequel la tenait d'Ibn-Mas'oûd[3] – Dieu l'ait en son agrément! –, lequel l'avait recueillie lui aussi de la bouche du Prophète – le salut et la bénédiction de Dieu soient sur lui! La voici : « Le gibier appartient à celui qui s'arrange à la fin pour mettre la main dessus, non à celui qui l'a fait sortir de sa tanière. »

» Sur le mariage et sur la meilleure façon de vivre auprès de ces dames, les avis seront toujours partagés. Mâlik Ibn-Dînâr[4], à qui l'on conseillait de prendre femme, se plaignait en ces termes : « Prendre femme? Alors que je n'ai qu'un désir : divorcer d'avec mon âme charnelle, qui m'a déjà poussé un jour à convoler!... » Et pour être mieux entendu, il citait ces vers :

Je me suis marié en toute insouciance –
mais l'ignorance aussi est un péché.
Ah, que n'ai-je vieilli
loin des joies du mariage!

Par Dieu, ce n'est pas sur celui qui dort
dans la poussière que j'ai envie de pleurer
mais sur celui qui a fait sa couche
du lit conjugal!

» Pour ma part, il m'arrive de me réciter ceci :

1. Transmetteur de traditions – mort en 143/765.
2. Compagnon d'Ibn-Mas'oûd (voir note suivante).
3. Compagnon du Prophète – mort après 23/644.
4. Mystique musulman – mort en 127/745.

L'époux : voilà l'incarnation du malheur !
Convoler, c'est chercher à se diminuer :
Dieu est Un, et l'Unité est à son goût ;
fais comme Lui, reste seul.

D'aucuns objecteront : « Et qui te donnera
quantité de beaux enfants, hein ? »
Mais que je sache, le Maître de Miséricorde,
a-t-Il fait des enfants, Lui[1] ?

» Mais j'en connais qui font entendre une bien autre musique. N'a-t-on pas dit : « Trois situations surtout réjouissent le cœur de l'homme et comblent la mesure de l'intelligence et du cœur : avoir chez soi belle épousée, disposer de ressources largement comptées, partager une amitié non frelatée. » Ce qui n'empêche pas Abou'l-Qâsim le Sage[2] de clamer à tous vents : « Celui qui n'a pas chez lui belle épousée ne saurait agir en homme véritable ; celui qui n'a pas d'enfants est perdu de réputation devant les gens… Quant à celui qui n'a ni l'une ni les autres, il est libéré du souci. »

» Le Prophète lui-même, à ce que l'on rapporte – que le salut et la bénédiction de Dieu soient sur lui ! –, a donné quelques avis sur la question : « La mieux accomplie d'entre les femmes est celle qui possède le plus beau visage, et dont la dot sera légère au mari. » Et 'Ali de son côté – que Dieu le prenne en son agrément ! – nous livre ceci : « Cinq conditions au bonheur de l'homme : l'accord de son épouse, l'équité de ses enfants, la piété de ses frères, la modération de ses voisins, et un travail honnête au pays où il est né » – la femme venant en tête de la liste de ces bienfaits.

1. Allusion à un passage du Qoran (23,91).
2. Il s'agit d'un poète mauvais garçon célèbre à Baghdâd, Abou'l Qâsim al-Tamîmî, dont Abou-Moutahhar al-Azdî (XIᵉ siècle) a rapporté les faits et gestes (passablement inconvenant) dans son livre intitulé *Vingt-quatre heures de la vie d'une canaille* – dont nous avons donné des extraits dans la revue « Caravanes » (n°5, Phébus, 1996).

» On nous met volontiers en garde contre la beauté des femmes. Ce serait un pâturage où viennent brouter tant de gens !… Le poète ne dit-il pas :

> *Tu diriges tes pas*
> *vers le gras pâturage où fleurit*
> *l'herbe d'abondance, ne t'étonne pas*
> *d'y rencontrer tant de gens voraces.*

» L'antienne est connue : c'est la source la plus fraîche qui reçoit le plus de visiteurs… Il en va toujours ainsi avec les femmes : on se plaint de ce qu'elles plaisent, et on ne les supporte pas si d'aventure elles se montrent peu plaisantes. Ma conclusion ? Veillons à partager avec elles le plaisir, pour quoi elles sont faites. Quant au chapitre des bons conseils… Al-Rabî' Ibn-Ziyâd assure qu'il faut les choisir grandes : signe d'un tempérament généreux. Il n'en proclame pas moins qu'il n'est de volupté bonne à prendre qu'avec les courtes, qui s'entendent paraît-il à résumer en leur brève personne, à l'heure de la conjonction d'amour, toutes les délices de ce monde. Alors…

Mais le premier avocat, celui qui s'était porté défenseur de la cause des hommes, n'avait pas dit son dernier mot. On le vit donc bientôt reprendre la parole :

– Tout le monde sait la vertu de ce conseil : laisser quelque argent entre les mains des femmes, c'est les appeler à l'infidélité. 'Omar est plus restrictif encore : « N'apprenez pas à vos femmes l'art de bien écrire, et ne les laissez jamais seules en compagnie d'une pièce d'or ! » La femme, on l'a bien des fois répété, est pareille à la colombe : dès que les ailes lui poussent, elle prend congé. De même si l'homme a l'imprudence de la parer d'effets somptueux : une belle robe lui suffit pour se donner le prétexte d'aller voir le monde ; celui qui rêve de l'emprisonner à demeure ne pourra rien contre cela.

Mais l'avocat de ces dames interrompit cette vertueuse profession de foi :

– Allons donc ! Ne gagnent-elles rien, vraiment, à goûter un brin de liberté ? J'ai connu une jeune fille qui avait refusé le mariage à un prétendant coupable de lui mesurer trop chichement son prix. Elle voyait bien des choses : si le mari n'a pas d'abord mis un peu d'or sur la table pour obtenir la main de sa future, il ne lui coûtera rien ensuite de la répudier. Quant à elle, elle n'ignore pas qu'une femme ne saurait avoir de position dans le monde si elle n'a pas quelque argent à elle – c'est-à-dire quelque liberté. Mais là encore, tant d'avis contraires se trouvent jetés dans la balance... On raconte que Khouzayma al-Tamîmî aimait réciter les vers suivants :

> *Ils m'ont dit : « Ainsi donc tu t'apprêtes à convoler*
> *avec une fille toute jeunette ! » J'ai répondu :*
> *« La jument la plus désirable est celle*
> *qui jamais n'a été montée.*
>
> *Voyez l'homme de goût : le peu de cas qu'il fait*
> *de la perle percée en son milieu,*
> *bonne pour le collier ; et son émerveillement*
> *devant la perle intacte ! »*

» Ce qu'entendant, une femme lui retourna à la figure cet aimable couplet :

> *On prend plus grand désir à monter la cavale*
> *qui a déjà connu la sujétion des rênes*
> *et dont l'allure est faite*
> *pour l'aise du cavalier.*
>
> *A quoi bon l'amour, si ceux qui s'y livrent*
> *n'ont pas eu moyen de mettre à l'épreuve,*
> *à leur convenance et à leur désir,*
> *leurs vertus d'amants !*

» Pourtant, c'est bien la jeunesse qui a ici tous les droits. Ce que rappelle non sans cruauté la fameuse formule : « La fille de dix ans est comme l'amande fraîchement émondée, juste bonne à croquer ; la fille de vingt ans est un bonheur pour les yeux ; la fille de vingt-cinq ans une poupée avec quoi s'amuser ; la fille de trente un bonheur pour la main, avec toute la chair qu'il faut ; la fille de quarante est une mère à qui il est encore temps de faire des fils et des filles ; la femme de soixante ans, tue-la, elle n'attend plus que ton couteau ; quant à celle qui ose annoncer soixante-dix ans, que la malédiction de Dieu, des Anges et du genre humain soit sur elle ! »

» L'âge est pour la femme le pire ennemi. C'est ce qu'illustre à merveille la légende de cette vieille qui avait sept fils et qui, devenue veuve, voulait se remarier. Elle leur en demanda la permission. Pour toute réponse, ils lui dirent : « Descends d'abord au fond du puits et supporte le froid qu'il y fait : tu y resteras sept nuits, puisque tu as fait sept fils. Après quoi, si tu le souhaites encore, nous te marierons. » La septième nuit, ils la trouvèrent morte de froid. Tel est l'hiver des cœurs. Telle est aussi la raison pour laquelle on a l'habitude d'appeler les sept jours les plus froids de l'hiver les Jours de la Vieille – ce sont aussi ceux où meurent le plus volontiers celles qui ont passé l'âge de plaire.

» Dire de la femme que c'est une affamée de l'amour, est-ce la condamner ? J'entends déjà murmurer le vieux dicton : « Ne sont jamais rassasiés : ni l'œil de ce qu'il voit, ni la terre de la pluie, ni l'oreille de ce qu'elle entend, ni la femme du mâle qu'elle accueille. » N'oublions pas que les plus sages ne condamnent pas nécessairement cette fringale, qu'ils la partagent même au besoin. Ainsi le bon Aristote, que l'on interrogeait un jour sur les bienfaits de la conjonction amoureuse – réputée par les philosophes comme une inutile occasion, pour l'homme, d'épancher sa liqueur vitale. Le poseur de questions voulait des réponses bien nettes, et l'on raconte que s'ensuivit ce petit dialogue :

» – Pour ce qui te concerne, ô Aristote, quand te livres-tu à la conjonction ?

» – Quand elle me manque, et que j'en ressens désir.

» – A quelle fréquence est-il conseillé de conjoindre ?

» – Une fois l'an.

» – Et pour l'homme qui peine à se refréner si longtemps ?

» – Il conjoindra une fois par mois.

» – Et s'il peine encore à se contraindre ?

» – Il conjoindra une fois par semaine.

» – Et ne peut patienter sept jours ?

» – Eh bien qu'il conjoigne autant qu'il le désire et qu'il fasse don de sa liqueur de vie sans songer à la ménager !

» Le désir parle en chacun, homme et femme, et tous nos gestes le trahissent. Mou'âwiya[1] affirmait qu'il était capable de lire les pensées amoureuses d'un homme rien qu'à observer sa façon de marcher. La plupart des grands esprits ont tenu à apporter leur pierre à ce débat, même si ce fut – parfois – pour imposer à la ronde de vertueuses restrictions; ainsi Abou-'Ali Ibn-Sînâ[2] recommandant : « Ne multipliez pas à plaisir les occasions de conjoindre, car votre liqueur de vie se fera clairette et ne sera plus bonne à rien dans le ventre des femmes. » Al-Hârith Ibn-Kalada[3] a donné son avis sur les périodes propices à la conjonction d'amour : « Quand l'estomac des deux partenaires est vide : le centre intime du corps est alors détendu, l'esprit frais, le cœur plus dispos, et la matrice de la femme avide de toute nourriture. » Les femmes même ont publié leur sentiment sur cette grande affaire, au premier rang desquelles la propre fille d'al-Hassane[4]. Interrogée à propos des lieux du plaisir que la femme était en mesure de dénombrer parmi les paysages de son corps, et plus particulièrement dans les parages de sa partie chaude, elle avait parlé sans hésitation : « Le plaisir le plus violent, nous l'éprouvons en ce point où notre conduit se resserre : l'instrument de l'homme vient-il à s'y engager, il s'y trouve serré avec force; vient-il à vouloir s'en retirer, cette bouche au fond de nous fait tout pour le retenir, le presse, le suce, le tète... »

» C'est que ces tendres filles ne se contentent pas toujours

1. Voir note 2, p. 109.

2. C'est Avicenne, le célèbre médecin et philosophe d'origine iranienne – mort en 428/1037.

3. Médecin arabe de la période antéislamique.

4. Voir note 1, p. 109.

qu'on leur en promette. Simple morale de l'histoire de cet époux qui, la nuit de ses noces, consacre un peu trop de temps aux chastes caresses, aux chastes baisers, et recule l'instant d'en venir à l'essentiel... pour s'entendre dire à la fin par l'innocente enfant : « Par Dieu, si tu veux m'entendre, je consens à ce que tu me caresses, à ce que tu m'embrasses, à ce que tu m'étreignes, mais ce sera en y mettant cet instrument que tu sais – seul objet capable de noyer en moi le souci. N'ai-je pas raison, et ma mère m'aurait-elle mise au monde pour autre chose ? »

» Elles sont nombreuses à le penser, même si toutes ne professent pas le même goût – et même si l'avis des âmes savantes varie ainsi qu'il se doit. Pour certains, l'acte de chair fait tout accepter – témoin cette femme qui, après s'être disputée avec son mari, le reçoit gentiment en elle avec ces mots : « Tu me présentes là un intercesseur dont je ne puis repousser la requête ». Et le sage al-Ahnaf[1] : « Si tu veux jouir de l'estime des femmes, voilà la recette : au moment de la jonction, laisse parler toutes les indécences, et que ton affabilité malgré cela reste parfaite. » Et al-Chou'bî[2], à qui l'on demandait ce qu'il convient de faire quand une femme, montée par l'homme au fort de l'amour, crie : « Tu m'as meurtrie ! tu m'as tuée ! » – et qui répondait : « Eh bien, qu'il la tue de cette aimable façon, et que le sang de la victime rejaillisse sur ma nuque ! Je prends la responsabilité de ce crime ! » Et al-Hassane une fois encore – Dieu l'ait en son agrément ! – qui nous donne ce sage conseil : « Ô toi l'homme, s'il te prend l'envie de venir sur la femme, n'oublie pas de lui dispenser les folâtreries qu'elle attend, et ne lésine pas sur les caresses d'approche. Tu n'es pas là pour te conduire comme ferait la bête mâle à l'heure de forcer sa femelle. Folâtrer n'est pas concéder au superflu : les fines caresses sont au désir ce qu'éclairs et tonnerre sont à la pluie d'orage. »

Trouvant sans doute qu'on donnait pour le coup un peu trop

---

1. Al-Ahnaf, fils de Qays : l'un des Suivants parmi les Compagnons du Prophète. Il mourut en 67/686.

2. Transmetteur de traditions – mort en 104/722.

le beau rôle à ces dames, l'avocat de la gent masculine reprit la parole :

– Et que diras-tu alors de cette tradition qui nous vient du Prophète ? – que le salut et la bénédiction de Dieu soient sur lui ! Écoute : « La répudiation est encore la meilleure façon de consentir à la laideur… » Et ceci : « Faute de t'entendre avec elle, congédie-la. » Et ceci d'un autre encore – j'ai oublié son nom – : « Que vos femmes s'engagent auprès de vous à accepter les injures, les raclées. Quant à vous, n'oubliez pas ce conseil du Très-Haut dans son Livre : *Reléguez-les dans les chambres où elles couchent, frappez-les !*[1] Et de 'Ali – Dieu le prenne en son agrément ! –, cette sainte parole : « Celui qui veut rester long-temps en vie, qu'il rompe le jeûne de grand matin, qu'il ne s'embarrasse pas de vêtements inutiles, et qu'il ne se donne pas trop d'occasions de couvrir les femmes. »

» A quoi j'ajouterai ces quelques sentences que l'on prête au chef de la prière al-Châfi'î[2] – Dieu le tienne lui aussi en son agré-ment ! – : « Jamais l'un de nos compagnons n'a consenti au mariage sans s'abaisser. » Et encore : « Voilà trente ans que j'interroge mes frères pour savoir s'ils ont retiré quelque bien du mariage. A ce jour, nul ne m'a encore répondu par l'affirma-tive. » Et il précisait : « L'homme accompli est celui qui sait tirer profit des choses. Que dira-t-on de celui qui n'en retire rien ? » Et de résumer à la fin sa pensée : « Celui qui fréquente familière-ment les cuisses des femmes, jamais il ne réussira dans la vie. La femme appelle à l'aisance et à la mollesse. Elle est une entrave à la prière nocturne et au jeûne : elle nous écarte de Dieu. Elle nous condamne, outre cela, à l'inquiétude domestique, tiraillée qu'elle est sans cesse entre la crainte de la pauvreté et l'amour du gain. Autant de choses – et bien d'autres encore – qui accaparent l'esprit de ceux qui tombent sous sa coupe, mais qui ne tourmentent pas celui qui a renoncé à leurs séductions. »

---

1. Qoran, 4, 34. La phrase entière est la suivante : « Celles dont vous craignez la rébellion, exhortez-les, reléguez-les dans les chambres où elles couchent, frap-pez-les. »
2. Voir note 6, p. 43.

» Il me reste encore quelques traditions à vous livrer, et toutes vont dans le même sens. Celle-ci d'abord, qui nous met en garde contre le tempérament jaloux de nos donzelles : « Qu'une femme jalouse supporte son mal avec patience – ce qui se voit rarement –, et le Paradis est à elle. » Et celle-ci : « Que ta femme te montre de l'affection, pourquoi pas ? Mais surtout qu'elle veille à te donner beaucoup d'enfants. » Ce qui peut se dire autrement : « Le noir laideron qui te gratifie d'une abondante progéniture vaut mieux pour toi que la charmante à la peau claire et au ventre stérile. » Et le propos vaut pour tous... même si le Prophète note : « La blancheur de la peau est déjà la moitié de la beauté. »

Mais l'autre parleur revenait déjà à la charge :

– Haroûn al-Rachîd, à ce que je me suis laissé dire, ne détestait pourtant pas la couleur noire. Il s'était laissé convaincre de ses vertus par un savant fort versé en religion, qui professait que le pèlerin de La Mekke peut parfaitement accéder au Sanctuaire revêtu d'une robe noire, qu'un défunt peut s'accommoder d'un linceul noir, qu'une fille même peut se marier en noir. Abou-Yoûsouf le Juge lui faisait en effet remarquer que de toutes les couleurs le noir était la seule qui absorbât entièrement la lumière. Un argument qui n'avait pas manqué de séduire le prince. Et Saïd Ibn-al-Mousayyab[1] consolait ainsi l'un de ses amis qui se tenait pour infortuné d'être noir : « Ta tristesse n'a pas lieu d'être. Souviens-toi que trois des meilleurs parmi les hommes sont noirs : Bilâl[2], Mihdja' et Louqmâne[3]. » Enfin, puisque tu citais tout à l'heure le Prophète à propos des peaux blanches, laisse-moi le citer à mon tour – sur lui le salut et la bénédiction de Dieu ! Cette fois, c'est de la peau noire qu'il parle : « Épousez la femme noire, car sa couleur est de bon augure. »

» Mais revenons au cœur de notre débat... c'est-à-dire aux principes que la femme voudrait nous voir suivre dans les jeux

---

1. L'un des principaux jurisconsultes musulmans – mort en 91/710.
2. Serviteur noir du Prophète et son muezzin.
3. Voir note 1, p. 58.

de l'amour. Je tiens là tout un catalogue de préceptes qui sont peut-être à retenir. On nous parle de la conjonction – encore – et l'on nous dit qu'elle devrait s'associer spontanément, avant, pendant et après l'amour, avec trois types d'actes chaque fois.

» Avant l'amour… D'abord s'employer à mille folâtreries, car elles mettent le cœur de la femme à son aise, encouragent sa bonne volonté, et, précipitant son souffle et son impatience, la conduisent à s'amoureusement coller au corps de l'amant. Choisir ensuite la posture qui convient, en gardant en tête que la station assise peut incommoder, qu'en position couchée sur le côté on risque de faire souffrir ses hanches, que loger la femme au-dessus de l'amant n'est pas bon pour les seins des filles, lesquels à ce jeu s'engorgent fréquemment, et que la meilleure manière de procéder consiste encore à étendre sa belle sur le dos en l'invitant à lever bien haut les jambes. Préparer enfin le terrain qui doit recevoir l'instrument, en excitant le plaisir tout autour de la porte à franchir, en frottant bien le gland contre la pierre du seuil qui conduit à la Joie, en pinçotant enfin les deux seins et toute autre partie sensible où s'embusquent les sensations qui aident à exalter la passion féminine.

» Pendant l'amour… En premier lieu varier ses mouvements, ce qui n'exclut ni le recueillement ni la délicatesse et favorise la montée du plaisir, donc la bonne tenue de l'appareil en besogne. Et puis manifester bien haut sa passion, afin que l'autre partenaire en conserve la trace en lui quand viendra l'heure de la séparation : seule façon de faire naître l'amour véritable dans les cœurs, d'amadouer les imaginations ennemies des entreprises brutales, et de préparer la femme – on l'affirme en tout cas – au bonheur de la procréation. Enfin ne point trop faire attendre la dame quand son ventre commence à épancher sa liqueur – d'autant qu'à s'y trop frotter l'amant y perd paraît-il de sa force –, ce qui ne dispensera pas ledit amant de faire profiter l'amante de sa liqueur à lui, qu'il lui dispensera avec générosité.

» Après l'amour… Conseiller tout d'abord à l'amante de dormir sur le flanc droit, si l'enfant qu'elle veut mettre au monde

– avec l'aide de Dieu – doit être un garçon (à l'inverse dormir sur le flanc gauche vous promet à tous les coups de fabriquer une fille). Ensuite prononcer bien haut la formule : « Louanges à Dieu qui nous a créés à partir de l'eau et qui a fait la créature humaine à la fois mâle et femelle ! » Procéder enfin aux ablutions rituelles avant de céder au sommeil – de même l'homme veillera à s'abondamment rincer le membre s'il doit après l'amour passer un moment en famille.

» Qu'on veuille bien noter que ces sages recommandations, qui ménagent le plaisir des dames, ne sont pas de fantaisie. Elles ont été formulées par mon maître 'Ali al-Adjhoûrî le Malikite – que le Très-Haut lui fasse miséricorde ! – et ne sauraient donc être prises à la légère.

Le défenseur de la cause des hommes avait encore à dire. Il demanda la parole :

– Abordons plutôt, si vous le voulez bien, un domaine où l'homme est clairement à son avantage : celui de l'esprit. L'homme seul s'entend à manier convenablement la plaisanterie. Soufyâne al-Thawrî[1] à qui l'on faisait observer que la plaisanterie est une manière de folie, répondait :

» – C'est plutôt une conduite d'usage. Rappelez-vous cette parole du Prophète – que le salut et la bénédiction de Dieu soient sur lui ! – : « Je plaisante, et en plaisantant, je dis encore la vérité. »

» Notre Prophète en effet – sur lui le salut et la bénédiction de Dieu ! – ne répugnait pas à tourner des bons mots, parfois même à l'attention des dames. On raconte qu'un jour le vint trouver une vieille femme d'entre ses Auxiliaires[2] et qu'elle formula auprès de lui cette requête :

» – Ô Envoyé de Dieu, consentirais-tu à invoquer le Dieu Très-Haut en ma faveur afin qu'Il me pardonne mes péchés ?

» – Ne sais-tu donc pas, lui répliqua l'Envoyé, que les vieilles femmes n'ont pas leur place au Paradis ?

---

1. Voir note 2, p. 60.
2. Partisans du Prophète, du groupe de ceux qui se sont ralliés à lui à Médine.

» Au cri de désespoir que poussa alors la vieille, il corrigea dans l'instant son propos par ces mots :

» – Allons, n'as-tu pas écouté la parole de Dieu telle qu'elle se trouve consignée dans son Livre ?... Écoute plutôt : « Nous les avons faites pucelles, de constitution parfaite, et elles auront le même âge que leur ami. »

Imagine-t-on une femme se conduire comme faisait Abou-Hourayra[1], que Marwâne[2] songeait à prendre pour suppléant à la tête du gouvernement de Médine... Il avait pris l'habitude de se déplacer à cru sur le dos de son âne, la tête couronnée d'une touffe de fibres de palmier, en se faisant annoncer par ces mots : « Voici venir notre Émir ! » Al-Nadjî l'atteste : les Compagnons du Prophète – sur lui le salut et la bénédiction de Dieu – aimaient à rire... « Et la Foi en leur cœur, ajoutait-il, était pourtant comme une montagne solidement établie sur ses bases. » Al-Châfi'î[3] lui-même ne dédaignait pas les saillies. On se souvient qu'il était maigre à faire peur ; à ceux qui s'étonnaient de le voir ainsi contrefait, il répondait : « J'ai été bousculé dans l'utérus de ma mère » – et le fait est qu'il avait dû disputer sa naissance à un frère jumeau. Al-Boustî[4] au reste – Dieu le prenne en sa miséricorde ! – dit cela fort bien : « Quand les soucis assombriront ton humeur, saupoudre-la d'une poignée d'étoiles, d'une pincée d'humour : pas besoin d'en mettre davantage que tu ne mets de sel dans ta marmite. »

» Qu'on me laisse citer sans m'interrompre ce poème : il est de la main d'al-Châfi'î lui-même – que Dieu l'ait en son agrément !

C'est en secret que se manifeste
la bienveillance de Dieu,
et l'intelligence de ses créatures
ne cesse de s'en étonner.

1. Compagnon du Prophète – mort en 58/678 (ou 59/679).
2. Gouverneur de Médine, puis khalife à Damas – mort en 65/685.
3. Voir note 6, p. 43.
4. Écrivain arabe – mort en 400/1010.

Que d'angoisses sa mansuétude
n'a-t-elle pas dissipées! Sous son regard
l'homme ne devrait jamais être au désespoir
mais voué au seul bien-être.

Combien de cœurs touchés au matin
par le deuil ont-ils été délivrés dès le soir
de leur tristesse! A certains même,
la nuit qui suit offre ses plaisirs...

Allons, ne désespère pas, car la générosité de Dieu,
tu le sais, ne connaît pas de limites.
N'est-Il pas, au-dessus de nous,
le Maître de toute Volonté?

Sois patient dans l'épreuve, même si elle pèse
injustement sur toi. La constance toujours
sera récompensée, puisque la Joie toujours
est au bout du chemin.

Sois au diapason de l'universelle Générosité,
entraîne-toi au don d'un cœur paisible,
car il n'est d'autre malheur que l'avarice
dont l'autre nom est Tristesse.

Chasse les noires pensées qui ta conduite égarent
et tiens-toi plutôt en plaisant retrait.
Sois le guetteur de Dieu, et les secours
d'eux-mêmes te viendront.

Fuis le sérieux du monde, ses ors et ses erreurs :
ce sont pour l'âme autant de leurres.
La vraie sottise est celle qui s'aveugle à ces pompes
trompeuses, source de toute calamité.

Ne sois pas chiche de tout plaisant bienfait
qui t'aiderait à passer sans risque
le pont menant au Paradis :
il est si facile de trébucher !

Pratique la douce amitié et ses plaisirs
en ayant soin de choisir tes amis,
car notre époque invite à la prudence,
si fertile est-elle en dangers !

Tes semblables n'y attendent
qu'habits brodés et parures,
et leur conduite est à l'avenant :
effets de manche et représentation !

Mais tout cela est vain et ne séduit jamais
que l'enveloppe de nos âmes : faux divertissement
à jamais incapable de conjurer
les décrets du destin.

L'injustice toujours progresse : vois-la
installée aux plus hautes fonctions,
insultant de son haut la modeste équité
– et se préparant d'amers repentirs !

Ô mon Maître, bénis ton Envoyé élu,
seul guide de notre bien-être
tant que s'obstinent à exister
et la terre et les cieux !

» La sagesse virile a toujours recommandé aux bons esprits de garder cette souriante distance avec les embarras de ce monde – en quoi les femmes seraient bien avisées de prendre leçon sur nous. Comme elles devraient prendre enseignement de cette anecdote où Jésus nous montre la voie :

» Un jour qu'il s'avançait en souriant vers son disciple Jean –
que sur lui soit le salut ! – ce dernier s'enquit :

» – Que se passe-t-il, que je te trouve livré à cette humeur
folâtre ?

» – Que se passe-t-il plutôt chez toi, répondit Jésus, que je te
trouve livré à cette humeur morose ?

» – Que penser en effet de nos deux façons de voir ? songea
Jean à voix haute. Si tu le veux bien, restons là un instant, que
le Ciel sur ce point nous éclaire...

» Alors Dieu qui les entendait – qu'Il soit exalté, qu'Il soit glorifié ! – leur inspira ces mots :

» – ... Celui d'entre vous deux qui a droit à la meilleure part
de mon amour est celui qui a la plus heureuse opinion de Moi.
(On rapporte aussi cette variante : « Celui qui d'entre vous deux
a droit à la meilleure part de mon amour est celui qui ne s'interdit pas de sourire. »)

» L'Envoyé de Dieu – que le salut et la bénédiction de Dieu
soient sur lui – ne disait pas autrement : « Ouvre ton cœur à la
bonne humeur, les gens ne t'en aimeront que mieux. » Non plus
que la sagesse des nations : « Plaisants rapports enracinent
l'affection. »

L'avocat des filles d'Ève avait lui aussi à dire sur le sujet, et il
le fit bientôt entendre :

– Il est de bon ton, je sais, parmi les porteurs de barbe, de
plaisanter à tout bout de champ, et de forcer là-dessus son natu-
rel – ce qui ne porte guère à rire. Tu parlais de montrer la voie...
vois celle que t'indique al-Charîf[1] :

> Les joyeux entretiens sont bonne chose,
> mais ne sauraient s'éterniser
> sans répandre alentour le germe de la lassitude,
> qui éloigne entre eux les amis.

---

1. Al-Charîf al-Ridä, poète de la lignée d'al-Houssayn, petit-fils du
Prophète. Il mourut en 406/1015.

Ne vois-tu pas quels dommages
peut causer la pluie en tombant sans mesure ?
Et pourtant, quand elle manquait,
on priait pour l'obtenir...

» Le bel esprit dont tu te prévaux si bien n'empêche pas la
sottise d'être fort partagée parmi les hommes. Les signes à quoi
se reconnaît le sot ne trompent pas : c'est lui qui fait durer
jusqu'à l'ennui les plaisants entretiens dont tu te gargarises ; lui
encore qui fait joyeuse entrée quand tu as précisément envie de
l'envoyer au diable. Ah, la célèbre jovialité masculine !... Parlons-
en ! Galien déjà mettait en garde contre elle : « Gardez-vous de ces
quatre maladies : dormir trop, trop manger, forniquer à l'excès...
et parler à tort et à travers. Car si l'abus de sommeil donne mauvaise mine, tête lourde, jambes faibles, sang chaud, œil trouble
et vie brève, si l'excès de chère gène la respiration, te déchire le
nombril, épuise tes forces, fait fondre la cervelle, obscurcit la
vue, te vieillit avant l'âge et te condamne à la langueur, si à trop
fréquenter le lit des filles ta cervelle sèche comme une vieille
éponge, ta langue se met à trébucher et ton âme elle-même
s'étiole... eh bien, sache que le bavardage le mieux piquant,
imposé à trop forte dose, outre qu'il te fait perdre l'estime des
gens de qualité, rend sotte ton intelligence et finit par chauffer la
bile à ceux-mêmes qu'il prétend divertir.
» Pour que les choses te soient claires, j'ai pris la peine de
résumer tout cela dans un poème de ma façon. Tu auras peut-
être profit à l'entendre...

Quatre choses à l'homme font dol,
qui lui sont si bien à faute
que j'y vois, oui, pour ma part,
signe d'impiété noire :

Goinfrerie de sommeil, dont on sort
tout bouffi, tant de cœur que visage,

et prenant par là bon acompte
sur la mort : sache-le, ô mon frère !

... bouffi aussi de ventre et l'œil gonflé,
tel un cadavre alourdi par sa peine :
beau résultat en vérité ;
note bien cela, ô mon frère !

Pis que tout : goinfrerie de parole,
par où l'esprit se perd et s'épuise le sang.
Plus d'un porteur de barbe en est atteint,
et jusqu'au chef de la prière !

Puis goinfrerie d'amour, et c'est aussi dommage,
qui s'attaque en nous au meilleur :
cerveau, âme, parole...
Entends cela aussi.

Puis goinfrerie tout court : ton pauvre cœur
en est la première victime,
qui engorgé n'a plus force de rien –
sans te parler du reste, qui tout seul se devine...

» Et tu auras profit encore à écouter al-Bâkharzî[1] :

Voyez-moi donc ces fils du monde,
riches de biens promis à perte
et s'en vantant, les pauvres niais,
avec superbe et insolence !

Au nom de quoi, peut-on savoir ?
A leurs débuts ils sont sortis
d'une demi-goutte de sperme...
et finiront morte poussière.

1. Voir note p. 110.

» C'est Mâlik Ibn-Dînâr[1] qui l'a dit : « L'homme a sa source en une fontaine malpropre et finit dans la mare des putréfactions. Entre les deux, il n'a qu'un rôle à jouer : celui de distillateur d'excréments. » Et 'Ali encore − Dieu le prenne en son agrément ! − : « Satisfait de soi-même, l'homme ne travaille qu'à sa propre dévaluation. » Et Aristote : « L'homme qui se met en avant traîne toujours derrière lui un lot de misères et de hontes qu'il gagnerait à cacher. » Et cet autre, qui connaît l'âme humaine : « Celui qui devant ses frères se gonfle d'importance, qu'il sache que ses frères n'attendent justement que de le voir un jour se dégonfler. »

» Jouer les avantageux, tel est en effet le passe-temps favori des porteurs de barbe, imbus de faux pouvoirs, de faux accomplissements. Un homme interrogeait un jour 'A'icha[2] − Dieu la prenne en son agrément ! :

» − Quand pourrai-je enfin, disait-il, me considérer comme un homme de bien ?

» − Quand tu te rendras compte de tout le mal que tu as fait.

» − Et quand pourra-t-on me reprocher de faire le mal ?

» − Quand tu t'estimeras devenu homme de bien.

» Rien à faire, l'homme épris de pouvoir courra toujours derrière ce qui est faux. Le désir de puissance le gouverne et l'envie le ronge. Et l'on sait ce qu'il en est de l'envieux : vient-il à apercevoir un homme fortuné, c'est comme s'il était frappé par la foudre ; vient-il à croiser le miséreux, et son cœur aussitôt se gonfle de joie. Moi aussi, il m'arrive de citer la sagesse des nations : « Si l'esprit de rivalité prenait forme d'arbre, ses fruits auraient le goût du malheur. »

»'Ali − que Dieu honore son visage ! − vous le dit bien : « L'entente sereine engendre la prospérité, rivalité et dispute fomentent la guerre. » Il faudrait faire jeûner l'âme de l'homme comme il lui arrive de faire jeûner son corps. Rappelons sur

1. Voir note 1, p. 62.
2. Épouse préférée du Prophète.

quels arguments se fondent les préceptes qui règlent le jeûne rituel : « Jeûnez, et vous aurez en partage la vraie santé, car le jeûne est un aliment pour le cœur. Si la nourriture de tous les jours fortifie votre corps, la privation du jeûne fortifie votre âme. » Sur ce point comme sur les autres, la prescription religieuse est sage : le riche, tenu de jeûner, partage pour un temps la souffrance de celui qui connaît tous les jours la faim ; et l'on peut espérer que, sollicité plus tard de lui venir en aide, il saura se montrer un frère pour lui.

» Savoir donner est bien ; savoir se donner est mieux encore – à quoi n'est guère porté le sexe masculin, malgré l'exemple des sages. Écoutez cette histoire, que se plaisait à raconter naguère un maître de spiritualité :

» Le célèbre al-Hassane al-Basrî[1] – Dieu le prenne en son agrément ! – s'était voué dès l'enfance à l'adoration de Dieu. Quand il atteignit ses quinze ans, il vint trouver sa mère et lui dit :

» – J'aimerais que tu m'offres en don à Dieu – qu'Il soit exalté et glorifié !

» – Ô mon fils, lui répondit-elle, le don que l'on offre au roi se doit d'être parfait et conforme au désir du roi. Alors, t'offrir à Dieu... Qu'y aurait-il en toi, dis-moi, qui puisse combler le Très-Haut ?

» Cette réponse fit couler les larmes du garçon mais le fit aussi réfléchir. C'est à la suite de cela qu'il vint se joindre à nous dans notre retraite, et cinq années durant il se livra à l'adoration de Dieu : au bout de quoi se manifestèrent en lui les lumières de l'authentique accomplissement. Sa mère alors le vint visiter, déposa un baiser entre ses yeux et lui dit :

» – Ô mon fils, maintenant, je puis t'offrir en don à Dieu !

» Puis elle prit congé, le laissant dans la joie. Il resta ainsi trente années, pendant lesquelles il s'interdit de la voir. Jusqu'au jour où il éprouva le désir de la retrouver. Il s'en retourna chez lui. Parvenu devant la porte, qui était close, il frappa pour s'annoncer :

1. Mystique musulman – mort en 110/728.

» – Ton fils est là, venu pour te saluer !

» Personne ne vint ouvrir ; seule une voix répondit, derrière le vantail :

» – Je t'ai offert en don à Dieu, à ce qu'il me souvient. Sache donc que je ne te reverrai que devant Lui !

» Et elle compléta ce bref discours en récitant à l'attention du visiteur ces vers :

> *Celui qui aime Dieu d'un cœur sincère,*
> *aucune demeure ne saurait lui offrir asile ;*
> *où qu'il aille, il ne saurait*
> *s'installer en voisin.*
>
> *Errant de par le monde,*
> *il se nourrit d'un rien et ne s'en soucie guère,*
> *mais va libre, rejetant tout lien*
> *qui pourrait entraver ses pas.*
>
> *Passant d'un désert à l'autre,*
> *il fuit, toujours en chemin,*
> *et si tu le vois pleurer,*
> *c'est que lui manque le désert.*
>
> *A son âme charnelle il adresse ces mots :*
> *« Bonne est la fatigue de cette route où tu fais carrière ;*
> *car, marchant libre, tu dépends de Dieu seul :*
> *le seul Maître qu'il n'y ait pas de honte à servir. »*

» On rapporte qu'un homme vint un jour trouver Abou-Yazîd[1] – Dieu le prenne en son agrément ! – et lui dit :

» – J'ai besoin de ton enseignement, indique-moi ce qu'il convient de faire.

» – Regarde le ciel.

» L'autre regarda, ne vit rien, s'étonna.

---

1. Abou-Yazîd al-Bistâmî, mystique musulman mort en 260/874.

» – Sais-tu au moins qui a créé ce ciel ? lui demanda Abou-Yazîd.

» – C'est le Dieu Très-Haut.

» – Eh bien, Celui qui a créé le ciel, Celui-là du haut de ce ciel a vue sur toi, où que tu ailles. Fais attention à Lui.

» L'homme en question, qui raconta plus tard cette histoire, révéla qu'à la suite de cette conversation il retrouva une nuit Abou-Yazîd en songe.

» – Où es-tu ? s'enquit-il. Où puis-je te rejoindre ?

» – Sépare-toi de ton âme charnelle, répondit Abou-Yazîd, et tu me rejoindras. Ô mon frère, sache que la nuit est la monture sur laquelle voyagent ceux qui aiment. Transportés par elle, les adorateurs de Dieu ont accès à Lui, et Il leur donne à boire dans la coupe de l'affection pure. Quand ils auront bu, leur âme trouvera le bien-être et leur cœur sera admis dans le Royaume céleste, où tout n'est qu'amour du Très-Haut, désir de se joindre à Lui. Ayant compris cela, ils passeront, à compter de ce jour, leurs nuits à invoquer son Nom.

» J'aimerais encore vous dire ces vers :

Amour a pris pour de bon racine
au fond de mon cœur.
Qu'il demeure mon compagnon
jusqu'au Jour de l'Interpellation !

Il m'a donné à boire une gorgée
– ce fut assez pour vivifier ce cœur –
dans la coupe de Dilection :
une coupe puisée dans la Mer de l'Affection partagée.

Oui, cette simple gorgée a suffi
pour combler un désir qui ne cessait de croître ;
plus jamais à présent n'aurai soif, je le sais,
car abreuvé par elle, j'ai l'Amour entier pour provision !

Ah ! si Dieu Lui-même ne veillait sur la connaissance
réservée aux initiés, depuis longtemps les hommes,

errants, perdus, auraient égaré ce Savoir
dans la Vallée des apparences!

Le zélé défenseur des femmes termina sur ces vers, qui eurent, étrangement, le don de rendre furieux son adversaire en éloquence.

– A toi qui erres sans trouver ton chemin, l'apostropha ce dernier, toi que la femme égare en pleine mer, je m'en vais citer quelques proverbes qui te remettront sur la route!... « La femme est la clé qui ouvre la porte à tous les malheurs, la serrure qui donne accès à tous les vices. » « Elle est la porte de la Géhenne, le gouffre où l'on perd pied et d'où jamais l'on ne revient. » « La femme est faite pour séduire l'homme, et pour lui broyer les os. » « La gorge de la femelle est plus douce que la crème qui surnage sur le lait; mais ses lèvres sont des pièges où tu iras boire la Mort. » « La bouche de la femme est une trappe où Dieu précipite celui qui mérite son courroux. » « Le cœur de la femme : un piège. Ses mains : des chaînes. »

» Oui, elle n'agit ici-bas qu'en qualité de rabatteuse, et l'homme est le gibier qu'elle offre à Satan. Le juste, celui qui se soumet au Maître céleste, n'a de cesse qu'il ne se soit débarrassé d'elle; tandis que le pécheur est sa proie désignée. Écoute encore : « La femme a deux missions : obscurcir l'intelligence de l'homme, émousser la lame de sa sensibilité. » « Définir la Femme? Levain de la corruption et racine du péché. »

» Je m'en réfère à l'auteur du livre intitulé *Les Itinéraires trompeurs*[1]. C'est lui qui parle : « De même que la neige provient de l'eau et fond au contact de l'eau, de même l'homme, issu de la femme, se désagrège à son contact. »

» Et à cette anecdote : L'un des lettrés de Baghdâd, à la grande époque, faisait le pied de grue devant la porte de l'un des Barmécides[2]; ce que voyant, un passant s'étonna :

---

1. Nous n'avons pu retrouver la trace de cet ouvrage.
2. Famille de vizirs d'origine iranienne, au temps de Haroûn al-Rachîd.

» – Un homme de ton mérite, un praticien de l'ascèse, à la porte d'un individu pareil !

» – N'en sois pas étonné, ô mon frère, répondit l'autre. J'ai femme et enfants : as-tu jamais vu un chargé de famille qui n'ait pas affaire avec la misère ?

» Et *La Prairie du Repenti*[1], qui cite à propos d'un Sage que l'on interrogeait au sujet de la femme : « Elle est la mort impossible à prévoir, le supplice des supplices... Si tu as quelque fortune, elle l'épuisera et toi avec ; si tu n'as rien, elle te croquera à belles dents. Elle exerce les fonctions de tyran lors même que ses larmes coulent. Elle se roule dans le péché, mais garde la voix haute et claire. Elle se laisse démasquer, mais proteste de son innocence. Elle subit les affronts de l'âge, mais continue à se conduire comme une enfant. Son corps s'use au fil des ans, mais sa langue jamais ne se fatigue. »

» Et j'en aurai maints autres à citer, pour peu qu'on me laisse achever :

» Ce propos de l'un des Croyants, condamné par le juge à ne plus jamais prendre femme : « Me priver de leurs faveurs me sera plus doux que de travailler à leur fortune ! »

» Et celui de ce guerrier à qui l'on offrait une belle en mariage, et qui s'excusait : « Il serait bien laid, après avoir terrassé tant de braves, de devoir s'avouer vaincu devant une femelle. »

» Et cette sentence, anonyme mais pleine de sens : « Affirmer sa virilité, c'est d'abord renoncer aux femmes : des créatures sans courage, sans discernement, à l'humeur imprévisible, dont l'unique manie assurée est de noircir la blancheur du turban de leur époux ! »

» Et ce mot de Zénon le philosophe[2] : « Si tu tiens à te marier, évite de la choisir belle. Plus elle brillera à tes yeux, mieux elle allumera ceux des autres. »

» Et cet autre d'Hippocrate, à qui l'on demandait pourquoi il

---

1. Encore un ouvrage dont nous n'avons pu retrouver la source.
2. Il s'agit de Zénon de Kition, fondateur du stoïcisme (mort à Athènes en 264 av. J.-C.).

avait épousé une femme au visage ingrat : « Quitte à prendre ma part de malheur, j'ai choisi la plus petite. »

» Et de Socrate : « L'objet le plus inutile dans une maison : la femme. Le plus nuisible : la mauvaise femme. »

» Et d'Ibn-Sîrâk[1] : « Habiter avec le lion, avec le dragon, est chose plus aisée que de loger sous le même toit qu'une femme au cœur mauvais ; tenir un scorpion entre ses doigts, chose moins dangereuse que de s'exposer aux piques d'une femme de méchant caractère. »

» Chacun sait que derrière la plupart des accidents dont l'homme est la victime, il y a une femme. Se méfier d'elles est de première nécessité. Apprendre à les connaître pour s'en méfier mieux encore n'est pas moins utile. Un spécialiste de la question pensait pouvoir distinguer au total dix sortes de femmes : la première est comme la truie, qui ne songe qu'à s'emplir le ventre ; la deuxième est la guenon, chapardeuse et chaude du derrière ; la troisième est la chienne, qui garde son os pour elle et aboie à la figure de son maître ; la quatrième est le serpent, fertile en ruses insinuantes ; la cinquième est la mule, rétive et bornée ; la sixième est comme le scorpion, dont le dard venimeux s'entend à piquer méchamment ; la septième est une souris, qui met le cellier au pillage et partage le butin avec ses amies ; la huitième est comme l'oiseau, un jour chez toi, un jour chez l'autre, et point facile à apprivoiser ; la neuvième est comme le renard, causant gros dégâts et laissant peu de traces ; la dixième est comme la colombe, modeste, affectueuse, fidèle jusqu'à la mort – mais il se murmure qu'elle est impossible à trouver...

Celle qui présidait à ce beau débat, la jeune épousée du sultan Charîk, arrêta là cette minutieuse énumération et prit à son tour la parole :

– Les arguments, ô vous, hommes, ne vous manquent ni à l'un ni à l'autre. Quant à savoir comment trancher entre eux, ce n'est certes pas mon rôle, puisque je suis femme. Je laisse ce soin

---

1. C'est le Siracide de la Bible.

à chacun des présents pour ce qui le concerne, en souhaitant que la Sagesse soit leur conseil.

» Mais j'aimerais, avant que le temps nous sépare, vous conter une histoire. L'homme et la femme y montrent également leurs vertus, qui ne sont pas toujours les mêmes, mais lui font honneur à elle et non moins honneur à lui. Voici donc l'aventure d'un des anciens rois de la terre, qui commandait sur la longueur et la largeur de celle-ci.

V

HISTOIRE DU PRINCE

'ALI TCHELEBÎ

Il était donc un roi, parmi les anciens rois de la terre, qui commandait sur la longueur et la largeur de celle-ci, et ce roi était juste et bon, attaché aux règles de la stricte équité, et ne prononçant de sentences qu'en ayant soin de les faire égales – la même pour le pauvre et pour le puissant[1].

Une nuit qu'il était endormi, il entendit en songe une voix qui lui disait :

– Lève-toi donc, ô roi, et selle ton coursier ! Il te conduira au pied d'une montagne, et de là jusqu'à son sommet. Parvenu là-haut, tu le verras s'engager dans un passage où la terre a été remuée, où ses sabots soudain s'enfonceront. Arrête-toi en cet endroit et creuse : tu trouveras une dalle que tu soulèveras ; et dessous un escalier de trois cents marches s'enfonçant dans la terre, que tu descendras. Une fois rendu au bas de ces degrés, loin au-dessous des pieds de ceux qui t'auront accompagné, tu

---

1. Les données que l'on peut recueillir entre les lignes de ce conte, qui recoupent celles des anciennes chroniques, donnent à penser que le roi dont il est ici question est l'un de ces souverains turco-mongols qui, à la mort de Gengis Khan, se partagèrent une large portion de l'Asie, étendant leur pouvoir du Caucase jusqu'en Chine, de la Transoxiane jusqu'en Inde. Ces princes, lorsqu'ils étaient convertis à l'islam, se voyaient souvent donner le surnom de « Tchelebî » – « Amis de Dieu ».

veilleras à garder le silence : aucun mot ne doit sortir de ta bouche. Devant toi, tu verras une porte, et suspendue auprès d'elle une clé. Toujours en silence, tu te saisiras de cette clé et tu ouvriras la porte. Derrière se trouve caché un trésor comme jamais tu n'as osé en rêver, un trésor qui outrepasse mesure et limite. Une statue de cuivre, au milieu de la salle où tu pénétreras, veille sur lui. Ne t'effraie pas aux cris qu'elle poussera en te voyant entrer : la crainte et l'angoisse ne doivent pas habiter ton cœur. Tu t'avanceras vers elle, et tu t'empareras de l'anneau qu'elle porte au doigt. Dès que tu auras pris cet anneau, le génie qui habite cette statue ne pourra plus rien contre toi.

» Sache que l'anneau qui sera alors entre tes mains possède trois vertus : si tu le mets dans ta bouche, les mâchoires bien serrées, il a pouvoir de te rendre invisible ; si tu le poses par terre à tes pieds, le serviteur de l'anneau se manifestera devant toi et accomplira tous les travaux qu'il te plaira de lui commander ; si enfin tu le passes à ton doigt, il te protégera de tous les désagréments que quiconque aurait fantaisie de fomenter à ton encontre.

La voix s'était tue, le prince se réveilla. Son rêve l'avait rendu perplexe. « Je me réfugie auprès de Dieu contre les entreprises de Satan le lapidé, se dit-il à part lui. Mais comment distinguer si un tel songe vient de Satan ou du Maître de Miséricorde ? »

Soucieux de ne pas donner prise à l'impureté, il procéda aux ablutions rituelles, récita l'office de prière et se prosterna à deux reprises, demanda une nouvelle fois à Dieu refuge contre Satan. Puis il regagna sa couche, où le sommeil bientôt le reprit.

Mais voilà qu'au bout d'un instant la même voix se fit entendre et lui parla à nouveau en songe :

– Lève-toi donc, ô roi ! Ton coursier t'attend. Avec lui tu franchiras campagnes et déserts jusqu'à cette montagne que tu sais. Et là où ses sabots s'enfonceront dans la terre meuble, là tu creuseras ; et la dalle que tu trouveras après avoir creusé, tu la soulèveras. Et tu sais de quelle manière ensuite il te faudra agir…

Le message était le même. Soudain réveillé, le roi se leva, le

cœur étreint par l'inquiétude. Il renouvela ses ablutions, se prosterna par deux fois en prières, proclama les louanges du Très-
Haut aussi longtemps que Celui à qui il s'adressait voulut bien
l'y autoriser, et décida qu'il pouvait retourner dormir. Mais à
peine se trouva-t-il emporté par le sommeil que la voix se remit
à lui parler, comme la première et la deuxième fois. Réveillé
dans l'instant, il n'eut cette fois plus de doute : « Cette voix
entendue en songe, se dit-il, vient du Maître de Miséricorde et
non point de Satan. »

Alors il se leva, procéda une fois de plus à ses ablutions, pria
aussi longtemps que Dieu le réclamait, et, aux premières lueurs
de l'aube, donna ordre aux cavaliers de son escorte de se préparer à le suivre en expédition et fit seller le coursier que la voix lui
avait désigné pendant son sommeil. Quand tout fut prêt, la
petite troupe se mit en train, guidée par le roi, suivi pour l'occasion par les trois fils que le Très-Haut lui avait donnés.

Ils traversèrent de vastes étendues. Le chemin leur était tracé,
car le roi à leur tête suivait exactement la route qui lui avait été
montrée en songe. Lorsqu'ils parvinrent aux crêtes de la montagne, il laissa aller son cheval dont les sabots au bout d'un
moment se prirent dans un creux de sol instable. Le roi n'eut
que le temps de sauter de sa selle. Déjà ceux de sa suite se préci-
pitaient pour dégager la malheureuse bête. Tous étaient intri-
gués. Ordre fut donné que l'on creusât là où la terre semblait
avoir été remuée : jusqu'à ce qu'apparût une large surface de
pierre.

– Ô roi du temps, firent observer ceux qui étaient au fond du
trou, on dirait bien là une dalle façonnée de main d'homme.

– Fort bien, fit le prince. Nous allons camper en ce lieu ; que
l'on dresse les tentes.

Quand le camp fut installé, il commanda aux terrassiers de
soulever la dalle. Sous la pierre, une cavité profonde avait été
ménagée : des marches s'enfonçaient dans l'obscurité. Le roi
s'avança, et il fut clair aux yeux de tous qu'il avait résolu de descendre dans cette sorte de puits. Ses officiers qui l'entouraient,
conduits par le vizir, voulaient l'en dissuader.

– Ô roi du temps, ne descends pas, nous t'en prions, ou alors nous venons avec toi !

– Il n'en est pas question : personne ne descendra à ma place, personne ne descendra avec moi.

Alors ses deux fils aînés s'approchèrent de lui et lui offrirent leurs services.

– A nous, il est permis de descendre : si tu y consens, ô roi.

– J'ai déjà dit, et je maintiens, que nul ne descendra en ce lieu à ma place.

C'était à présent le plus jeune fils du prince, le nommé 'Ali Tchelebî, qui s'avançait et qui offrait son aide.

– Permets-moi d'insister, ô mon père, pour que j'explore cette caverne à ta place. Je ne crains rien, et si même je viens à mourir, j'aurai sacrifié ma vie pour ta rançon. Mais sois rassuré, je reviendrai sain et sauf, et tout ce que j'aurai pu observer en bas, je t'en ferai l'exacte description.

– Ô mon fils, j'ai dit, trancha le roi à la fin. Reste à ta place. Personne ne doit se mettre à la mienne. J'ai décidé de descendre et de descendre seul.

Un brusque chagrin serra le cœur du garçon. Il s'inclina, alla s'asseoir un peu plus loin, et ses yeux se mouillèrent de larmes.

Peu après, le roi s'engagea dans l'escalier, et l'obscurité l'entoura. Il compta trois cents marches, constata que l'escalier n'allait pas plus bas, et fit quelques pas en direction d'une porte tenue fermée par une lourde serrure. La clé était accrochée juste à côté. Il la prit dans sa main, mentionna le Nom du Dieu Très-Haut, demanda protection auprès de Lui, ouvrit la porte et pénétra dans une immense pièce. Le trésor qui s'entassait entre ces murs tenait réellement du prodige, tant ce que l'on en voyait passait les fortunes les mieux pourvues sous le ciel, et cela aussi bien en monnaies qu'en joyaux ou en objets précieux. Et la statue de cuivre était bien là, au centre de toutes ces richesses, telle exactement que l'avait décrite la voix. Et se produisit de même ce que la voix avait annoncé : la haute figure de cuivre poussa un grand cri, un cri à remuer les monts. Mais le prince se jeta sur elle et lui arracha du doigt l'anneau. Il n'en fallut pas plus pour assurer la victoire au nouveau venu : privée à l'instant de son magique pouvoir, la lourde idole vacilla et s'alla fracasser de tout son long sur le sol. Alors seulement le roi put prendre le temps d'examiner par le détail les merveilles empilées autour de lui : monnaies de toutes provenances, bijoux du travail le plus fin, lingots de métal rare.

« Que faire de tout cela ? songea-t-il d'abord, embarrassé par l'excès même des splendeurs qui s'offraient. Mais c'est peut-être le moment d'essayer les vertus de l'anneau… »

Il posa celui-ci sur le sol et n'eut qu'à peine le temps de se relever : un inconnu se tenait debout devant lui.

– Ô roi du temps, commença le mystérieux personnage, ton excellence au monde est sans rivale ! Profite avec bonheur de ce qui vient de t'être accordé !

– Qui es-tu ? fit le roi. Quel est ton nom, et quelles fonctions au juste sont les tiennes ?

– Je suis le serviteur de cet anneau, mon nom est Maymoûn, et je tiens sous mes ordres soixante-dix tribus de Djinns. Tout ce que tu m'ordonneras de faire, je le ferai.

– Cet anneau possède-t-il d'autres pouvoirs ?

– Oui, tu peux le glisser dans ta bouche, et si tu le serres bien fort, juste entre tes deux mâchoires, il te rendra invisible. Enfin si tu le passes à ton doigt, il te gardera de toutes les mal-veillances, et celui qui jettera sur ta personne un regard tour-menté par le désir de te nuire ne pourra rien contre toi.

Ces paroles avaient rempli d'aise le cœur du roi. Il passa aussi-tôt l'anneau à son doigt, s'en fut hors de la vaste salle en ayant soin d'en fermer la porte à clé, et gravit l'escalier aussi vite qu'il put.

Parvenu en vue de l'ouverture du souterrain, il prit l'anneau à son doigt, le logea en sa bouche, et monta les dernières marches.

Il aperçut d'abord son fils 'Ali, assis juste à côté de la dalle, les joues encore mouillées de larmes. Quelques soldats faisaient cercle autour du creux de terre remuée, les autres allaient et venaient un peu plus loin. Il décida de redescendre quelques marches afin de reprendre forme visible. L'instant d'après, il ressortait de la caverne aux yeux de tous.

Son plus jeune fils, sitôt qu'il le vit, se précipita vers lui, baisa ses mains, ses pieds, en sanglotant. Les soldats accouraient, saluaient, ses officiers le félicitaient d'être revenu sain et sauf de dessous la terre. Il leur ordonna de faire remettre en place la dalle.

On lui posa cent questions, auxquelles il répondit le plus calmement du monde.

– Ô roi du temps, aurais-tu vu là-dessous quelque prodige ?

– Non. Le souterrain s'en va fort loin. Je n'ai pas tout vu. On dirait qu'il n'a pas de fin.

On poussa la lourde dalle jusqu'à sceller à nouveau la bouche du puits, on ramena par-dessus toute la terre que l'on avait remuée. Après quoi la petite troupe prit le chemin du retour.

Quelques heures plus tard, le roi avait regagné son palais. Il attendit que la nuit tombât. Dès que l'obscurité fut établie, il quitta son lit de repos, s'isola dans une pièce à l'écart, et disposa l'anneau sur le sol.

Aussitôt Maymoûn fut devant lui, qui lui disait :

– Ô roi du temps, ton excellence au monde est sans rivale !

Le roi lui ordonna de rassembler toutes les richesses dispersées dans le souterrain et de les transporter dans une salle de son palais qu'il lui désigna.

– Oreille attentive et bon vouloir à Dieu et à toi, ô roi du temps ! s'écria Maymoûn, qui disparut à l'instant.

Le roi estima qu'il pouvait regagner son lit. Il dormit d'un seul somme jusqu'au matin.

Debout dès l'aurore, il se hâta vers la vaste chambre qu'il avait indiquée à Maymoûn. Le trésor semblait bien y être au complet : monnaies frappées, pierres précieuses, œuvres d'orfèvrerie... La joie faisait bondir son cœur : tout cela était à lui, il était libre d'en disposer à son bon plaisir !

Un peu de temps passa. La santé du roi n'allait pas trop fort. Quelque chose en lui pressentait que sa fin n'était pas loin. Il décida un jour de convoquer ses fils, mais il eut soin d'abord de ne faire mander que ses deux aînés : 'Ali devrait rester à l'écart de l'entretien. Il parla donc aux deux princes et leur fit part de sa résolution : ils allait partager entre eux deux ses richesses.

Puis il affranchit ses esclaves, rédigea son testament et en fit confirmer les termes à ses fils : l'aîné et le cadet auraient en héritage ses trésors, le benjamin n'aurait rien. Les deux princes favorisés par la fortune ne se tenaient plus de joie. Ils ne cessaient de se féliciter à grand bruit, et de faire des gorges chaudes de la déconfiture de leur jeune frère :

– Ainsi donc notre frère 'Ali est devenu un pauvre parmi nous !

Il arriva à l'infortuné 'Ali de surprendre ces paroles, qui le plongèrent dans la tristesse. Un jour il résolut de s'en ouvrir au roi son père, qui le reçut bien volontiers.

– Ô mon père, dit-il après avoir fait l'aveu de sa peine, ne suis-je pas ton fils ?

– Certes tu es mon fils, fit le roi. Tu es même la lumière de mes yeux !

– Alors pourquoi ce partage, ô mon père ? Pourquoi laisser tes richesses entre les mains de tes deux seuls aînés et ne m'avoir rien accordé à moi ? Ils ont raison : me voilà devenu un pauvre parmi eux !

– Ô mon fils... c'est que je t'ai réservé un objet plus précieux encore : un objet qui passe toute richesse et toute gloire. Lorsque tu en disposeras, tout ce que tu pourras désirer te sera offert sur simple demande.

– Un tel objet existe-t-il sous le ciel, ô mon père ? Ah, montre-le-moi vite, que mon cœur et mon esprit ne soient plus tourmentés !

Le roi le prit par la main, le conduisit dans une petite pièce à l'écart où il l'installa et, sans que son fils pût le remarquer, s'introduisit l'anneau dans la bouche et disparut à ses yeux. 'Ali Tchelebî jeta autour de lui des regards effarés : où donc était passé son père ? Il semblait que son apparence se fût dissoute dans l'air. La gorge serrée d'angoisse, le jeune prince s'en voulut de sa démarche : n'était-ce pas sa faute si son père l'avait conduit en ce lieu, n'était-il pas en quelque manière responsable de sa disparition ? Le roi devina son trouble, sortit vivement l'anneau de sa bouche et reparut aux yeux de son fils.

– Où étais-tu donc, ô mon père ?

– Assis auprès de toi, répondit le roi. Vois cet anneau : l'un des secrets qui s'y attachent me permet de disparaître à volonté au regard des hommes. Il suffit pour cela que je l'introduise dans ma bouche. Mais regarde encore…

Il avait déposé l'anneau sur le sol. 'Ali n'en crut pas ses yeux en voyant se dresser devant eux la silhouette d'un inconnu : c'était Maymoûn, le serviteur de l'anneau.

– Ô roi du temps, ton excellence au monde est sans rivale ! lança celui-ci à son habitude. Que désires-tu ?

– Je veux de toi qu'à compter de ce jour tu te considères comme le serviteur de mon fils, ce garçon que tu vois là, que tu sois en tout comme un père pour lui, bref que tu l'installes dans ton affection, prenant ainsi ma place.

– Oreille attentive et bon vouloir ! déclara Maymoûn en réponse.

Alors le roi présenta l'anneau à 'Ali Tchelebî et lui dit :

– Prends. Mais veille à ce que tes frères ne découvrent jamais l'existence de cet anneau. Tu les connais : ils seraient prêts à te tuer pour s'en emparer.

'Ali Tchelebî, à ces paroles, se leva, baisa la main et le front du roi son père, et laissa éclater sa joie.

Le roi ne survécut pas longtemps. Quelques jours après l'entrevue qu'il avait eue avec son plus jeune fils, on annonça sa mort – que la miséricorde du Dieu Très-Haut soit sur lui ! On procéda aux funérailles, à la cérémonie des condoléances, puis, les trois frères s'étant réunis, il fut convenu que le pouvoir irait entre les mains de l'aîné, qui fut établi roi sur le trône de son père et reçut l'acclamation de ses troupes.

Le nouveau prince distribua des tenues d'apparat à ses favoris et aux fonctionnaires qui avaient son agrément, destitua ceux qu'il jugeait peu capables, introduisit ceux qu'il souhaitait voir mettre au service de l'État leurs talents supposés. Avec largesse il dispersa à la ronde pensions, prébendes et gratifications. Et tous autour de lui tant qu'ils étaient se conformèrent à ses prescriptions. Il avait désormais en main l'armée, les intendants préposés au gouvernement des provinces, et tous les serviteurs de Dieu qui de près ou de loin dépendaient de son bon vouloir. Et le royaume alla son train pendant un certain nombre de jours...

Un soir, pour célébrer telle circonstance qui méritait fête, le nouveau sultan organisa un festin auquel il convia ses frères. Réunis autour de la table, les trois firent honneur au repas, burent du meilleur et, comme l'on desservait, se mirent à leur aise – sans manquer de louer Dieu des bienfaits qu'ils avaient reçus. Leur corps était rassasié, mais l'aîné avait l'âme soucieuse. S'étant calé le dos avec un coussin, il laissa échapper un soupir.

– Hélas ! l'entendit-on murmurer.

Son cadet, qui semblait partager son humeur, l'imita.

– Qu'avez-vous donc ? s'étonna 'Ali Tchelebî. Votre père a partagé entre vous deux l'entier de ses richesses. L'un exerce le pouvoir royal, l'autre lui sert de vizir. Que viennent faire là ces soupirs !

– Mon frère, lui répondit l'aîné, je viens d'apprendre que l'un des rois chrétiens parmi nos voisins réunit des troupes et s'apprête contre nous à la guerre. Je sais l'état de nos forces et des siennes : je doute que nous ayons la puissance qu'il faut pour résister à ses entreprises. Voilà trois mois que l'on m'a fait part de la menace qui pèse sur nous. Son armée à ce jour doit être prête à se mettre en marche. Je crains le pire et c'est pourquoi tu m'as entendu prononcer le mot : hélas !

– Mais j'ai moi aussi été averti de ces menaces, leur rappela 'Ali. Sans doute mon second frère soupire-t-il pour les mêmes raisons ?...

– Pour les mêmes et pour d'autres, répondit le cadet. Figure-toi que j'ai aperçu l'autre jour chez Un Tel un cheval de toute beauté. Je lui en ai proposé mille pièces d'or, et il a refusé de me le céder ! Voilà pourquoi tu m'as entendu pousser ce soupir de regret.

'Ali Tchelebî en resta tout songeur, puis au bout d'un moment se leva et gagna discrètement la petite pièce que, depuis la mort de son père, il avait affectée lui aussi à l'office de l'anneau magique. Peu après, il était de retour auprès de ses frères, tenant à la main une chaîne d'argent au bout de laquelle se traînait, entravé et captif, leur voisin le roi chrétien.

– Voici ce puissant monarque qui s'apprêtait à lancer ses cavaliers contre toi, lança-t-il à l'adresse du roi son frère.

Le sultan s'étonna grandement à ce spectacle, puis, ressaisissant ses esprits, il se tourna vers le prisonnier :

– Ainsi donc, c'est toi qui complotais de lancer une armée montée contre moi ! Tu ignorais sans doute que j'avais pouvoir de te convoquer ici dans cet état où tu te vois, réduit à la situation d'un chien !

– C'est vrai, ô roi du temps, reconnut le captif. J'ignorais que les Djinns travaillaient à ton service.

– Assieds-toi.

Le prisonnier prit place auprès d'eux, et le roi lui fit apporter à manger et à boire.

C'est alors que le jeune prince 'Ali Tchelebî se tourna vers son second frère :

– Le cheval que tu désirais est à l'écurie, lui dit-il, il est à toi.

Le cadet ne cacha pas le plaisir que lui faisait cette nouvelle. Debout à l'instant, il se précipita vers les communs et en revint peu après. Quand il reprit sa place auprès de ses frères, qui entouraient le roi chrétien, la joie illuminait son visage.

Le sultan, pour mettre à l'aise son hôte prisonnier, tendit vers lui la main afin de lui retirer la chaîne qui le serrait toujours au col, mais il ne parvint pas à en faire glisser les anneaux. Le prisonnier lui confia :

– Seul celui qui m'a amené ici a pouvoir de me délivrer de mes liens.

– Ô 'Ali Tchelebî, demanda le sultan, délivre-le.

Le jeune prince avança la main à son tour, toucha du doigt la chaîne, et celle-ci aussitôt se dénoua et tomba.

Après quoi ils purent parler librement, et le captif en vint à exprimer ce vœu :

– Ô roi, ô mon hôte, dit-il, j'aimerais rentrer chez moi.

– J'y consens, accorda le sultan, je vais faire préparer une caravane qui te raccompagnera dans ton pays.

– C'est un long voyage, observa le roi étranger. Entre ta capitale et la mienne, une caravane met trois mois à faire le chemin. Je connais mes sujets : si je reste loin d'eux trois mois de temps, ils se feront un plaisir de mettre mes richesses au pillage et n'hésiteront même pas à détruire mon palais !

– Que proposes-tu donc ? Existe-t-il une solution à cela ?

– Une seule, fit le roi chrétien : que celui qui m'a amené ici me transporte chez moi par le même moyen. Je saurai m'en souvenir : sache en tout cas qu'à partir de ce jour tu auras en moi l'allié le plus fidèle.

– Ô 'Ali Tchelebî, demanda le sultan, peux-tu faire cela ?

Le jeune prince y consentit. Il s'en alla trouver Maymoûn, lui confia le roi captif et le chargea de le raccompagner chez lui sain et sauf.

Lorsqu'ils se retrouvèrent tous deux seuls, le sultan et son frère cadet ne se cachèrent pas leur trouble. Comment de tels prodiges avaient-ils pu se produire… et sous leur toit ! Ils se faisaient des réflexions qui trahissaient leur inquiétude :

– Celui qui a réussi en un instant à faire venir ce roi chrétien de si loin jusqu'ici peut fort bien nous expédier à son gré, toi et moi, aux deux bouts du monde, et en moins de temps qu'il n'en faut pour le dire. Voilà le danger auquel il nous faut parer !

Le roi avait une idée ; il l'exposa sans plus attendre à son frère :

– Voici ce que nous allons faire… Tu vas organiser un grand banquet, auquel tu nous inviteras tous les deux. Lorsque nous serons tous à table, installés en vue les uns des autres, tu prieras notre frère de nous faire apporter un objet introuvable, un fruit que l'on ne peut se procurer en cette saison, par exemple… oui, tout un plateau de limons pâles ! Il voudra quitter la table, mais comme nous serons en train de manger, nous n'accepterons pas de le voir se lever. Oui, c'est cela ; nous jurerons par serment que nous ne supportons pas d'être privés un seul instant de sa présence ! Et nous verrons bien, alors, par quel procédé il parvient à accomplir tous ces prodiges !

Ainsi fut fait. On annonça le banquet, on y convia l'émir 'Ali avec toute la pompe qu'il fallait, et, quand tous furent bien occupés à faire honneur aux mets qu'on avait disposés devant eux, l'hôte regretta qu'on n'eût pu leur servir des limons pâles – fruits que l'on ne cultivait pas dans le pays.

– Je peux remédier à cela, proposa 'Ali.

Mais, comme il se levait pour aller chercher cette friandise dont ils avaient si fort désir, ils le retinrent par la manche : non, il n'était pas question qu'il les laisse ainsi, qu'il les prive ne fusse qu'une minute de sa présence ! Et tous deux de jurer d'une même voix qu'ils ne le supporteraient pas.

Alors 'Ali retira de son doigt l'anneau, le déposa par terre à ses pieds, et Maymoûn dans l'instant fut devant eux.

Le jeune prince lui ordonna de lui présenter un plateau de limons pâles. Le serviteur de l'anneau s'inclina, s'éclipsa un court moment et s'en revint vers eux portant à bout de bras un plateau chargé de mille limons pâles, qu'il plaça sur la table avant de prendre congé.

Les deux frères n'avaient rien perdu du manège. Ainsi donc, c'était ce simple anneau qui permettait tant de merveilles ! Mais ce n'était pas l'heure de montrer ses sentiments. Mieux valait, pour lors, manger, boire et prendre ses aises…

Ce n'est qu'à la fin, quand ils furent bien carrés dans leurs coussins, que le roi se décida à entreprendre l'émir 'Ali sur ce qui lui tenait si fort à cœur.

– Par Dieu, mon frère, lança-t-il comme par jeu, que ne fais-tu venir ici dix de ces 'ifrites[1] qui sont à ton service !… ils pourraient nous servir de domestiques… et nous verrions un peu quelle mine ils ont !

'Ali ne vit rien de mal à cela :

– Oreille attentive et bon vouloir ! – telle fut sa réponse.

Il posa l'anneau par terre à ses pieds, et Maymoûn fut là. Il lui transmit son ordre, et l'autre déjà répondait :

1. Variété de Djinns d'un caractère particulièrement malicieux (voir Qoran, 27, 39).

– Ô mon maître, les voici. Ils sont dans cette salle, prêts à répondre à tous les souhaits.

Le roi et ses frères tournèrent la tête : dix 'ifrites se tenaient au centre de la pièce; dix colosses de la stature d'un palmier-dattier ! Leur bouche énorme était comme une grotte, leurs yeux étaient des flambeaux, leurs narines elles-mêmes s'ouvraient comme des goulots d'outre ! A cette vue les convives eurent un geste de recul épouvanté; certains n'étaient pas loin de prendre la fuite.

– Ô émir 'Ali ! supplièrent-ils. Dis-leur, s'il te plaît, de prendre forme ordinaire... Nous te demandions des esclaves faits comme tous les esclaves...

Sur-le-champ les dix s'éclipsèrent, puis revinrent sous la forme d'esclaves : mais des esclaves d'une telle allure, d'une telle beauté, que nul de sa vie n'en avait contemplé de pareils.

– Que voilà en effet des serviteurs de belle apparence ! s'écria-t-on de toutes parts.

Les dix serviteurs nouveaux venus furent toute la soirée à leur disposition et s'acquittèrent de leur tâche avec la ponctualité la plus parfaite. Puis vint pour chacun l'heure de se retirer. 'Ali prit congé et partit escorté par les dix esclaves qui lui venaient du royaume des Djinns. De retour chez lui, il les invita à disparaître, puis regagna ses appartements où l'attendaient ses concubines.

Il avait laissé ses deux frères poursuivre encore un peu leur conversation dans la salle du festin. L'un et l'autre s'inquiétaient et ne songeaient qu'à se faire part des sentiments qui les agitaient.

– Il n'est plus possible de laisser durer cela. Il nous faut cet anneau, et il n'est d'autre moyen d'y parvenir que de faire disparaître celui qui l'a en sa possession. Pour l'instant, il a toute-puissance sur nous. Notre père nous a légué ses richesses mais a dû lui réserver en présent cet objet magique. Il lui suffit d'en user, et ses Djinns viendront nous déposséder de tout ce que nous avons. Même le trône est à sa portée !

Ils établirent donc un plan afin de le faire passer sans plus attendre de vie à trépas.

Mais le Ciel voulut que parmi les servantes vînt juste à ce moment à la porte celle qui avait été naguère la nourrice de l'émir 'Ali. Tendant l'oreille, elle réussit à attraper au vol les paroles des deux frères, et s'empressa d'aller rapporter au jeune prince ce qu'elle avait pu en saisir ; une chose était claire en tout cas : les deux comploteurs avaient résolu de le tuer.

'Ali la remercia d'avoir pris la peine de l'avertir, et pour honorer son dévouement lui fit remettre un habit d'apparat, puis il la congédia sur ces mots :

— Que Dieu, infiniment plus que je ne saurais faire, te couvre de ses bienfaits !

Il n'avait pas oublié les sages conseils que son père lui avait prodigués avant de mourir. Dès qu'elle fut partie, il convoqua les autres servantes de sa maison et leur annonça son intention de partir en voyage : qu'elles préparent ses effets, qu'elles fassent cuire abondance de provisions et que l'on veille bien à les conserver dans des jarres commodes à transporter, et surtout qu'elles se tiennent prêtes en son absence à répondre à toutes les requêtes du serviteur qu'il leur dépêcherait régulièrement.

Ayant donné ses ordres, il attendit que tout fût prêt et convoqua Maymoûn. L'anneau était à peine posé sur le sol que ce dernier parut. 'Ali l'interrogea : dans quel pays, à son avis, seraient-ils le plus en sécurité ?

— L'Ile de Camphre[1], répondit Maymoûn sans hésiter.

— Eh bien, transporte-moi en cette île, ordonna 'Ali, et trois fois par jour tu feras le voyage jusqu'ici pour me rapporter mon déjeuner, mon dîner et mon souper : j'ai veillé à tout faire préparer.

— Oreille attentive et bon vouloir, fit Maymoûn. Je transporterai tout cela sur mes épaules, de la même façon que je m'en vais te transporter où tu le souhaites.

L'émir 'Ali monta donc sur le dos de son serviteur et, sans avoir seulement le sentiment de parcourir les espaces, il se

---

1. Probablement l'une des îles de la Sonde, où l'on distillait le camphre à partir de la cinnamome.

retrouva transporté sur la terre ferme de l'Ile de Camphre. Il faisait encore nuit noire. Il s'assit sur le sol en attendant que le jour se levât. Dès que le ciel à l'horizon s'éclaira, il récita la prière de l'aube, fit ses invocations au Dieu Très-Haut et prit le chemin de la ville qu'on apercevait au loin.

Ceux qu'il croisait en chemin, à leur façon de le dévisager, le prenaient à coup sûr pour un étranger, car il n'avait pas encore adopté les façons du pays ; mais ils voyaient sa prestance, ses vêtements princiers, et tous ceux auxquels il s'adressa le traitèrent avec autant d'amitié que de respect. Il déambula longuement par les rues de la ville, s'intéressant à tout, et parvint de la sorte au marché des droguistes. Avisant alors un vieillard de bonne figure, il alla vers lui et le salua :

– Ô mon père, y aurait-il dans ces parages une maison que l'on pourrait louer ?

– Et pourquoi cela, ô mon fils ?

– J'aimerais m'établir pour quelque temps en cette ville.

– Tu as de la chance, ô mon fils, je possède justement une résidence meublée où il m'arrive de recevoir des amis de passage. Elle est pour l'instant inoccupée. Allons la voir si tu veux : elle ne convient qu'à toi !

– Ainsi tu permets que je la visite ?

Pour toute réponse le vieillard l'entraîna à sa suite jusqu'à une demeure qui offrait la plus belle apparence. Il ouvrit la porte, introduisit l'étranger et lui fit faire le tour des lieux. La bâtisse était vaste, accueillante, meublée avec goût. Le jeune homme la trouva tout à fait à ses souhaits.

– Et quel prix en demandes-tu ?

– Mon fils, j'aimerais que tu acceptes mon hospitalité comme un cadeau offert de grand cœur…

– Eh bien soit, j'y consens avec plaisir. Que Dieu récompense ton geste généreux et t'accorde tout aussi généreusement ses bienfaits !

Souhaitant l'un et l'autre se connaître un peu mieux, ils s'installèrent dans l'endroit qui leur parut le plus convenable ; et ils n'en étaient qu'à échanger les premières phrases de leur entretien quand Maymoûn apparut à quelques pas d'eux, portant entre ses mains le plateau d'un copieux déjeuner qu'il disposa non loin – si discrètement que le vieillard ne remarqua même pas sa venue. C'est 'Ali qui le prévint de ce qu'une collation les attendait :

– Allons, viens plutôt par là, vénérable vieillard, il est l'heure de nous restaurer.

L'autre ne se fit pas prier, approcha son siège, et tint à servir lui-même son hôte en piochant dans les divers mets qui s'offraient à leur appétit. Ils goûtèrent à tout, apprécièrent la bonté de tout, puis, venu le moment de se mettre à l'aise, reprirent leur conversation où ils l'avaient laissée.

Ils passèrent de la sorte quelques heures bien agréables, et elles furent si bien du goût du vieillard que, dans les jours qui suivirent, il ne quitta quasi plus son hôte et se mit tout à son service.

'Ali aimait parcourir les marchés. Un jour qu'il venait de s'asseoir à la porte d'un droguiste avec qui il avait plaisir à bavarder, il observa une vieille femme qui passait, et celle-ci, parvenue à sa hauteur, s'arrêta devant lui. Elle portait de fort beaux atours et toute une théorie de servantes lui faisait escorte. Quelle ne fut pas la surprise des présents que de voir alors la dame dévisager 'Ali d'un air effaré, porter la main à sa tête comme si elle était victime d'un éblouissement, et tomber de tout son long, inerte, sur le seuil de la boutique ! On apporta bien vite de l'eau, on lui aspergea convenablement le visage, et elle ne tarda pas à revenir à elle.

– Ô droguiste, d'où vient cet homme ? murmura-t-elle dès qu'elle eut repris un peu de sens.

– C'est un étranger installé chez nous depuis peu.

Se tournant alors vers 'Ali, elle s'excusa en ces termes :

– Figure-toi, ô mon fils, que tu ressembles à n'y pas croire à un enfant qui m'était cher : un fils que j'ai perdu l'année dernière et qui me manque tous les jours…

» Écoute… Je ne te connais pas, mais ton visage me suffit : accepterais-tu de venir t'établir chez moi ? La place de mon fils t'appartient. Et t'appartiendra aussi tout ce qu'il possédait, tout ce que je possède ! Oui, tu disposeras de tout : des esclaves, des domaines...

Le droguiste félicita ʾAli pour ce coup d'aimable fortune :

– Que ta situation soit confortable, ô étranger !

Voyant son offre près d'être acceptée, la dame s'empressa d'ajouter :

– Je ne mets qu'une condition à cette proposition que je viens de te faire : que tout le temps qu'il te plaira de rester, tu ne sortes jamais de ma maison – tu n'y manqueras de rien...

– Mais chaque vendredi il me faudra bien aller à la mosquée pour l'office de prière...

– Je te permets de sortir le vendredi pour ta prière, consentit la dame.

ʾAli ne voyait pas de raison de refuser. Il prit à témoin l'assistance et déclara qu'il acceptait avec plaisir.

– Reste ici, lui dit alors sa mère adoptive. Je retourne chez moi de ce pas avertir mes gens : je veux que tu fasses ton entrée dans ma demeure avec tous les honneurs !

Sur quoi elle tourna les talons, suivie de ses petites servantes en cortège.

Peu après survinrent deux esclaves qui tenaient par la bride une mule de fière allure. ʾAli enfourcha celle-ci et se laissa conduire jusqu'à la maison où il se savait attendu. Ayant fait ses adieux au droguiste qui avait si bien su lui faire accueil, il avança par les rues en cet équipage, et se retrouva bientôt installé en un lieu où rien ne laissait à désirer. On avait eu le temps d'orner toute la demeure, et un siège d'or à la place d'honneur était déjà disposé pour le recevoir.

– Chauffez le bain ! lança la dame à ses servantes sitôt qu'il fut assis.

Mais déjà elle faisait signe à un autre groupe de servantes, et dix belles enfants à la peau claire s'approchèrent.

– Mon fils, chaque fois qu'il te prendra envie de posséder l'une ou l'autre de ces jeunes beautés, tu n'auras qu'un signe à lui faire. Considère-les toutes comme ton bien. Et sache que c'est là encore un cadeau de ma part, qui ne te coûtera rien.

Elle jeta encore un ordre, et les jolies servantes conduisirent 'Ali jusqu'au bain où elles prirent bien soin de lui. Leurs mains le lavèrent tout entier et de la façon la plus méticuleuse. Puis la dame les vint rejoindre, apportant à l'intention de son hôte un costume magnifique dont elle l'invita à se revêtir.

Et voilà comment 'Ali fut reçu, et comment il vécut tous les jours qui suivirent, n'ayant nul besoin de quitter la belle demeure – si ce n'est le vendredi, qui était jour de prière.

L'un de ces vendredis justement, il profita de l'heure agréable pour s'aller promener un peu dans les rues, ainsi qu'il avait toujours eu plaisir à le faire. L'une d'elles le conduisit jusqu'aux jardins du palais où demeurait le roi qui régnait sur la ville et sur le pays d'alentour. Ces jardins étaient ouverts aux promeneurs et il y porta ses pas. De grands arbres ombrageaient les allées, et, levant la tête, il constata avec épouvante qu'à leurs branches étaient suspendues quantité de têtes coupées !

Il ne resta pas longtemps en ce lieu. Avisant un passant dans la rue, il s'enquit auprès de lui :

– Ô toi l'homme, pourrais-tu me dire qui sont tous ces gens dont les têtes coupées ornent les arbres du jardin ?

– De quels arbres veux-tu parler ?… fit l'homme visiblement embarrassé. Je ne vois pas ce que tu veux dire.

Puis comme 'Ali insistait :

– Ô mon maître, finit-il par avouer, c'est là une bien triste affaire… Sache que la fille de notre roi a juré par-devers elle de n'accepter pour époux que celui qui parviendrait à vaincre son bras en combat singulier ! Comme tu as pu voir, les prétendants n'ont pas manqué. La chance ne leur a pas souri. Tous ceux qui, à ce jour, ont affronté la princesse ont dû mordre la poussière. Et tous ont connu le même sort. De sa main elle leur a coupé la tête, et c'est elle-même qui a accroché ces sanglants trophées aux branches de notre jardin. Tu as insisté pour que je t'éclaire. Ce n'est pas là chose agréable à raconter. Maintenant, si tu le veux bien, laisse-moi aller mon chemin.

L'émir 'Ali s'éloigna de ce quartier, mais son cœur était serré par l'angoisse.

« Il faut absolument que je me présente devant cette princesse ! » songeait-il. Et plus il remuait cette idée, mieux il en
était obsédé.

Allant chez l'un et chez l'autre, il récolta quelques renseignements, puis s'en revint aux abords du palais du roi. Ayant gagné
une ruelle écartée, il glissa l'anneau magique dans sa bouche et
disparut à tous les regards qui auraient pu le surprendre. Ce fut
ensuite un jeu pour lui de franchir le portail royal et de gagner
les appartements du souverain. Celui-ci était justement installé
sur le lit de repos qui lui faisait office de trône. 'Ali ne troubla
pas sa quiétude, souleva doucement le rideau tendu derrière lui
et pénétra dans le quartier des femmes. Il n'eut pas grande peine
à trouver la chambre où s'était retirée la princesse.

Celle-ci était assise à l'écart et songeait. Sa beauté frappa 'Ali,
et si fort qu'il en recula de quelques pas. Elle était, oui, comme la
lune au zénith, avec un corps qu'on eût dit nimbé de lumière… Il
en avait assez vu ! Il prit sans tarder la fuite et s'en retourna chez
sa mère adoptive.

La nuit venue, il convoqua Maymoûn et lui dit :

— Je veux de toi dix esclaves, tous parés de costumes somptueux, je veux aussi un cheval de race, et j'irai demain demander sa fille au roi.

— Oreille attentive et bon vouloir, à Dieu comme à toi ! s'écria
Maymoûn. Ils sont déjà là : ils t'attendent à quelque minutes
d'ici, dans cette plaine que tu vois là-bas, aux portes de la ville.

— Alors conduis-moi à eux sans plus attendre.

Ils se rendirent au lieu indiqué, et là, loin des regards, 'Ali fit ce
qu'il avait à faire : il récita, en guise de prière votive, le premier
chapitre du Qoran, revêtit l'habit princier qui avait été préparé
pour lui, enfourcha le coursier mandé par les Djinns et prit le
chemin de la ville, précédé par les dix esclaves en tenue d'apparat, tandis que cheminaient à sa droite Maymoûn et à sa gauche
un autre génie du nom de Cham'oûn. Son entrée par la grande
porte de la cité fut remarquée. Tout passant qui le croisait ce
matin-là au hasard des rues, voyant l'allure de ce fier jeune
homme, ne manquait pas d'invoquer la bénédiction de Dieu et

du Prophète en sa faveur. Enfin, lorsqu'il passa devant la garde qui veillait aux guichets du palais, ce fut pour recevoir d'autres invocations encore et autant d'acclamations. Certains pourtant murmuraient avec tristesse :

— Par Dieu, quelle perte ce sera si la mort doit atteindre aussi celui-là !...

'Ali entendait tout mais ne bronchait pas. Parvenu au bas des marches qui conduisaient aux appartements du roi, il mit pied à terre et se fit annoncer.

Le roi le reçut immédiatement, le salua, lui souhaita longue vie et le fit asseoir à ses côtés. Puis, après l'avoir longuement contemplé, il l'interrogea :

— Que désires-tu, ô mon fils ?

— Obtenir la main de ta fille, répondit le visiteur.

— Ô mon fils... comme il serait dommage que tu perdes la vie dans cette entreprise !...

— Pourquoi dis-tu cela ?

— ... C'est que ma fille pose certaines conditions à ceux qui prétendent demander sa main...

— Puis-je savoir lesquelles ?

— Elle n'acceptera de prendre pour époux que celui qui l'aura vaincue au combat ! Sache qu'à ce jour elle en a déjà mis à mort un grand nombre. Consens-tu donc, toi aussi, à en passer par de si cruelles conditions ?

— J'y consens.

Le roi se retira quelques instants : il lui fallait consulter sa fille. Il se fit annoncer dans ses appartements et lui apprit qu'un jeune cavalier venait de se présenter, qui souhaitait être admis à prétendre à sa main.

— Lui as-tu fait part des conditions que je posais à pareille requête ?

— Je l'ai fait, et il n'en persiste pas moins dans son projet.

— Fort bien, je vais me préparer.

Le roi quitta sa fille sur ces mots et s'en vint porter la nouvelle au jeune homme. Le rendez-vous pour le combat fut fixé à trois jours de là, ce que le prétendant accepta. Puis il salua et prit congé.

Dès qu'il fut hors des appartements du roi, il se vit entouré par une foule de soldats qui ne lui mesurèrent pas leurs encouragements. Il les remercia en faisant distribuer autour de lui de l'or à poignées : il semblait que ses richesses fussent sans fin. La liesse était à son comble. Peu après, revenus dans leurs quartiers, les hommes de la troupe sacrifièrent leurs bêtes les plus grasses en son honneur.

Arriva le troisième jour. 'Ali avait décidé, cette fois, de se présenter en roi. Il se rendit donc au lieu ménagé pour le combat, à la tête d'une armée de soixante-dix mille Djinns. La fille du roi se porta de son côté à sa rencontre entourée d'une imposante escorte en armes. Tout ce monde se rangea face à face, et le duel fut déclaré ouvert.

Les deux combattants avaient loisir d'évoluer à l'intérieur d'un vaste terrain entièrement dégagé. La princesse ouvrit les hostilités en empoignant son arc. Elle visa avec soin son adversaire, qui était à la bonne distance, et décocha son trait. Maymoûn, usant de son pouvoir, le fit dévier d'une imperceptible chiquenaude. Elle encocha une deuxième flèche, tira : le poing de Cham'oûn fit cette fois merveille ; la flèche se ficha en terre aux pieds du prince. La belle tireuse ne se tint pas pour battue ; elle avait bonne réserve de traits en son carquois et les lança jusqu'au dernier. Peine perdue : aucun n'atteignit la cible qu'elle visait.

Alors elle pointa sa lance et galopa vers le cavalier qui semblait la narguer. Il l'attendait de pied ferme mais n'eut même pas à engager son fer : le poing de Maymoûn, cette fois-ci, détourna si bien le coup que la cavalière, désarçonnée, se retrouva dans la poussière.

Elle refusait de s'avouer vaincue. Ayant remis la main sur son cheval, elle l'enfourcha derechef et, comprenant qu'à se battre avec ses seules forces contre un ennemi assisté par la magie elle n'obtiendrait pas la décision, elle piqua des deux en direction de la troupe armée qui lui servait d'escorte et l'exhorta vivement :

– Que je puisse à présent compter sur vous, ô braves ! Je vous livre ce vermisseau ! A tout homme qui me rapportera un lambeau de sa chair, je paierai en or fin le poids de son trophée !

Le roi son père observait de loin la tournure que prenait l'affrontement. Il devait savoir que ses soldats ne pouvaient pas ne pas obéir à sa fille. Il les vit bientôt qui se lançaient à l'assaut de la position où le prince les attendait seul, impavide. Mais sur un signe de Maymoûn la ligne des Djinns se mit en mouvement, et les génies armés, découvrant leur terrible visage et poussant leur cri formidable, criblèrent de traits de feu la masse de leurs assaillants. Ceux-ci y auraient tous laissé la vie si Maymoûn alors, d'un brusque élan, ne s'était précipité sur la princesse, ne l'avait arrachée à son coursier et, la prenant sous son bras, n'avait couru, n'avait volé jusqu'auprès du roi.

Le peuple rassemblé, la garde de la princesse captive, craignant soudain le pire, se mirent à crier :

– De grâce, épargnez-nous !

Mais l'émir 'Ali galopait déjà vers la princesse, tendant devant lui un bras apaisant.

– A toi de me dire, ô princesse, le sort qu'il convient de vous réserver, à toi et au roi ton père ! lui dit-il.

Le vieux roi répondit à la place de l'interpellée :

– Tu as ma parole : je te donne la main de cette terrible enfant, et tu peux désormais considérer mes richesses comme tiennes.

Le prince 'Ali sauta à bas de son cheval. Ainsi le maître du royaume consentait à lui offrir cette intraitable beauté ! Le cœur battant, il courut le remercier et déposa un baiser filial sur son front.

Le mariage fut célébré avec faste. L'émir 'Ali était comblé. La cruelle créature qui si longtemps avait fait trembler les hommes lui était soumise, et, le soir venu, il la trouva pucelle. Peu de temps après, il fut admis au conseil du roi.

Mais la princesse Hyacinthe, mortifiée d'avoir été ainsi humiliée aux yeux de son peuple, n'arrivait pas à regarder son époux en face sans ressentir en son cœur le violent désir de le faire périr. Ne lui manquait que l'occasion…

Trois mois passèrent, et Hyacinthe se morfondait toujours. Or elle possédait, parmi ses servantes, une confidente qui avait été pour elle une compagne d'enfance et qui connaissait le chemin de son cœur. Brin-de-Corail – c'était le nom de cette jeune personne – possédait, avec bien d'autres vertus, le corps le plus parfait qui fût parmi les femmes de son temps. Et elle détestait 'Ali, à qui elle en voulait de l'avoir écartée de sa maîtresse. Un jour qu'elle se trouvait au chevet de cette dernière, elle lui fit part de son chagrin :

– Tu m'as oubliée, ô maîtresse : au lieu de t'occuper de moi, tu préfères répondre au désir de ton prince...

– Non, par Dieu, ô Brin-de-Corail, je n'ai pas varié : sache que je ne puis jeter sur lui le moindre regard ; même quand il est devant moi, mes yeux refusent de le voir ! Tu sais les circonstances qui excusent ma conduite. Je n'ose même pas dire ce que je pense. Ce prince est le roi des Djinns.

– Par Dieu, ô ma maîtresse, tu t'abuses sur sa force. Non, il n'est pas le roi des Djinns. Simplement il possède un secret : un talisman qui lui permet d'être servi par les Djinns. Tu es dans la meilleure position pour t'assurer que ce que je te dis est vrai. Cette nuit, quand tu le retrouveras, tu n'as qu'à lui demander de t'offrir un objet qui soit hors de la portée de tes désirs : quelque chose que l'on ne trouve pas dans notre ville. Crois-moi, il saura te le procurer. Tu n'auras qu'à bien l'observer, voir comme il procède et me rapporter ce que tu auras vu. Dès que je connaîtrai sa méthode, je pourrai t'aider et nous travaillerons ensemble à sa perte.

– Tu m'indiques en effet une voie à laquelle je n'avais pas songé, remercia la princesse : je vais suivre ton conseil.

Quand elle fit son entrée chez le prince, la nuit suivante, elle prit sur elle de se montrer plus aimable qu'elle n'avait accoutumé de le faire. Elle l'enlaça, le cajola. Surpris, le prince en tira les conclusions d'usage :

– Aurais-tu quelque chose à me demander, ô souveraine de mon cœur ? De quoi as-tu besoin ?

– J'ai seulement besoin que tu vives !

Elle avait fait préparer pour eux deux une agréable collation. Elle tint à le servir elle-même. Ils mangèrent de bon appétit, buvant de même. Touché de ces nouvelles prévenances, le prince ne savait comment l'en remercier.

— Toi, l'attrait qui a aimanté mon cœur, lui dit-il à la fin, j'aimerais te voir former un souhait. Sache que je le comblerai aussitôt.

Elle parut hésiter :

— Je voudrais... Tiens, je voudrais que tu m'offres une poire. C'est un fruit dont j'ai entendu parler, le plus exquis d'entre tous, à ce que l'on dit, mais il ne pousse pas dans nos régions.

— Eh bien, s'écria-t-il, par amour et par déférence pour toi, je m'en vais te faire apporter une poire !

Tout en parlant, il avait ôté l'anneau qu'il portait au doigt et l'avait posé à ses pieds, et Maymoûn parut aussitôt.

— Je souhaiterais, ordonna 'Ali, me voir présenter un plateau de poires.

Maymoûn les laissa seuls un bref instant et s'en revint auprès d'eux portant un plateau. 'Ali le découvrit à l'attention de sa compagne.

— Tiens, ô dame mienne, voici ce que tu as demandé. Goûte donc ces fruits !

Elle en goûta un, s'extasia devant cette saveur nouvelle, et fit porter le reste du plateau à son père.

Dès qu'elle eut l'occasion de se retrouver seule avec la dénommée Brin-de-Corail, elle lui fit part de sa découverte.

— Il possède un anneau ; lui dit-elle, qui lui permet de convoquer les Djinns et d'obtenir qu'ils le servent.

— Ô maîtresse ! applaudit Brin-de-Corail, nous n'avons plus qu'à lui faire boire ce qu'il faut de jusquiame soporifique que nous verserons dans sa coupe... et dès que le sommeil l'aura pris, nous nous emparerons de l'anneau !

La princesse fit comme il avait été dit. 'Ali vida sa coupe, s'effondra l'instant d'après, et sa tête alla donner brutalement contre le sol sans qu'il parût même s'en rendre compte. Ce que voyant, la princesse Hyacinthe introduisit sa favorite.

– Ô Brin-de-Corail, lui confia-t-elle, c'est là l'occasion de le tuer ; je ne cesse de penser à cela ! Je te l'ai dit, je ne puis supporter sa vue. Je ne vois pas d'autre moyen d'en finir avec ces soucis qui m'accablent...

– Il est encore un meilleur moyen d'en finir avec lui, ô maîtresse, et moins dangereux : tu n'as qu'à ordonner aux Djinns, aux serviteurs de l'anneau, de le ramener dans son pays. Privé de son talisman, il n'aura plus la possibilité d'en revenir, et tu auras enfin le repos.

La décision de la princesse fut vite prise. Elle posa l'anneau par terre à ses pieds et lança à l'adresse des génies invisibles :

– Ô vous les Djinns ! qui avez à charge de servir cet anneau, présentez-vous devant moi !

Et le fidèle Maymoûn fut là.

– Ô dame mienne, fit-il après avoir salué, que Dieu te fasse profiter du don qu'Il vient de te faire ! Ordonne-moi ce qu'il te plaira !

– Je veux que tu prennes avec toi ce vermisseau et que tu m'en débarrasses, déclara-t-elle en désignant ʾAli endormi. Je ne veux plus le voir, ramène-le dans son pays.

Maymoûn ne pouvait faire autrement qu'obéir. Il souleva ʾAli qui n'ouvrit même pas les yeux, le chargea sur ses épaules et s'envola avec lui dans les airs. Et dans le même temps ou presque, il le déposait au pays où il était né, endormi toujours, à la porte de la ville où son frère était roi.

Au lever du jour, quand on ouvrit les portes de la cité, on trouva le prince assoupi là où le Djinn l'avait laissé, et les gens s'émerveillèrent. Le jeune homme qui était là étendu était beau comme la lune au milieu du ciel, et ils n'eurent pas de peine à le reconnaître. Ils s'en allèrent aussitôt apporter la nouvelle au roi.

– Apprends, ô roi, que ton frère ʾAli est de retour ! On vient de le découvrir étendu, plongé dans le sommeil, à la porte de la ville !

Le roi décida d'aller voir en personne ce qu'il en était. Il fit seller son cheval et se trouva bientôt sur les lieux. Ces gens avaient dit vrai : il s'agissait bien de son frère 'Ali ! Il donna ordre qu'on le transportât au palais, convoqua les médecins, qui lui palpèrent tout le corps et ne lui trouvèrent aucune lésion.

– Ô roi, finirent-ils par dire, il ne souffre de rien. On a dû lui administrer quelque puissant soporifique, sans doute une décoction de jusquiame. Il ne court aucun danger. Nous avons simplement besoin d'un peu de vinaigre pour l'aider à reprendre ses sens.

Ils versèrent le vinaigre sur la tête du garçon endormi. 'Ali éternua, fut pris de nausées, et on l'aida à vomir ce qu'il avait bu.

– Ô Brin-de-Corail !... cria-t-il en reprenant conscience.

Cela fit beaucoup rire le roi qui voulait l'interroger :

– Dis-moi un peu ce qui t'est arrivé, ô mon frère ? Je te vois là en bien triste situation...

'Ali avait retrouvé ses esprits. Il serra son frère dans ses bras et pleura abondamment.

– Ô mon frère ! s'écria-t-il. On a ourdi contre moi une méchante ruse : quelqu'un m'a dérobé l'anneau !

Et il leur raconta toute son aventure.

– Et que comptes-tu faire à présent ? lui demandèrent ceux qui étaient là et qui faisaient cercle autour de lui.

– Je m'en vais retourner là-bas par mes propres moyens. J'ai des droits à faire valoir. Je veux qu'on m'entende. Et tant pis si j'échoue : peu m'importe, après tout, ce que me réserve la destinée !

– Tu as tort, lui firent-ils observer, cherchant à le dissuader d'entreprendre pareil voyage. N'es-tu pas mieux ici ? Allons, reste plutôt, nous t'aiderons à vivre.

– Loin de moi vos conseils ! leur répliqua-t-il. Vous n'entendez rien à ce que je cherche. Non, il faut absolument que j'accomplisse ce que j'ai dit !

Quand il fut remis, on l'installa dans le palais qu'il habitait auparavant, et où l'attendaient toujours ses servantes. Elles lui firent bel accueil et mille compliments de ce qu'il leur revenait avec la vie sauve. Mais son idée était bien arrêtée. Il affranchit ce qu'il lui restait d'esclaves des deux sexes, leur accorda des gratifications, prit sur son trésor personnel cinquante mille pièces d'or, fit seller son cheval, passa dire adieu à ses frères, puis s'engagea à la, tête d'une légère escorte sur la route qui conduisait vers l'Irâq. Il atteignit Baghdâd, descendit le fleuve jusqu'au port d'al-Basra, où il vendit son cheval, et finit par trouver à s'embarquer sur un navire qui faisait commerce avec l'Ile de Camphre. L'équipage était prêt à appareiller. Il n'eut que le temps de faire transporter à bord son bagage et les provisions dont il avait besoin pour le voyage.

Un bon vent s'étant établi sur leur route, ils naviguèrent d'heureuse façon, sans dévier de leur cap. Largement pourvu pour sa part, 'Ali passait ses journées à deviser avec les autres voyageurs et les invitait volontiers à partager son ordinaire – ce qui ne manquait pas de susciter la joie autour de lui.

A mi-parcours de la route, ils durent faire escale à l'Ile d'Ambre[1]. Un jour que la plupart des passagers se trouvaient à bord, ils virent arriver une dizaine d'individus armés qui se présentèrent sur le quai juste en face du navire. Le capitaine alla au-devant d'eux et leur demanda ce qu'ils voulaient.

L'un d'eux lui exposa les motifs de leur mission :

– Sache, ô marin instruit par l'âge, que nous sommes commis en ce port par la reine Hyacinthe qui commande dans l'Ile de Camphre. Elle a obtenu du prince qui est maître en cette île où nous sommes que tout navire en provenance de l'Irâq et qui ferait escale ici ne soit autorisé à reprendre sa route qu'après avoir été fouillé. Elle cherche à mettre la main sur un individu de ses ennemis qui lui a fait du tort. Nous avons mission de l'arrêter ; et, si nous parvenons à nous emparer de sa personne, de le tuer. J'ai là son signalement : c'est un jeune homme encore imberbe, au visage régulier et plutôt plaisant, portant cheveux longs, la joue droite ornée d'un grain de beauté, l'épaule droite pareillement marquée d'un grain – mais celui-ci plus gros : de la taille d'une piécette d'argent. Voilà, tu sais tout. Maintenant laisse-nous monter à ton bord. Si ce garçon s'y trouve, tu devras nous le livrer.

---

1. Probablement l'une des îles Andaman, au large de la Birmanie, où l'on exploitait autrefois l'ambre fossile.

Le capitaine ne se laissa pas démonter par ce discours qui cachait à peine une menace.

– Nous n'avons personne à bord de ce navire qui corresponde à ton signalement, se borna-t-il à dire.

– Ta parole ne nous suffit pas, reprit l'autre. Approche un peu mieux de ce quai et fais-moi débarquer tout ton monde, je verrai moi-même ce qu'il en est. Si tu as dit vrai, personne ne t'empêchera de poursuivre ta route – sous la protection du Très-Haut.

Le capitaine fit mine d'obtempérer de plus ou moins bon gré, et rassembla discrètement les marchands qu'il avait à charge de transporter :

– Je suis convaincu que l'individu qu'ils recherchent, leur confia-t-il, est ce jeune homme avec qui vous semblez entretenir le meilleur commerce. Je voulais arrêter avec vous la conduite que nous allons tenir.

Un vieillard d'entre ces marchands, qui avait pour lui discernement et sagesse, prit la parole :

– Par Dieu ! nous n'allons pas le laisser tomber entre les mains de ces gens ! Nous lui devons bien cela : d'abord parce que c'est un garçon de caractère, nous avons tous pu en juger ; et ensuite pour cette simple et excellente raison que s'ils le trouvent ici ils le tueront, et nous avec !

Une vieille femme qui faisait le voyage avec sa fille intervint :

– M'est venue l'idée d'une ruse qu'il ne serait sans doute pas trop difficile d'employer, si nous voulons vraiment le tirer – et nous tirer – de ce mauvais pas. Portez-vous tous sur le pont, je m'occupe du reste !

Le capitaine rassembla donc son monde sur le pont, bien en vue, et manœuvra pour se rapprocher du quai, où il invita chacun à descendre. Il avait été convenu, après bien des tractations, et pour faciliter l'inspection, que les passagers quitteraient le bord par rang de dix, et que le maître de l'île en personne les passerait en revue.

La vieille, tout ce temps-là, dissimulée dans l'entrepont, n'avait pas ménagé son temps : munie d'un nécessaire à maquillage, elle avait bellement fardé les yeux du jeune prince, l'avait épilé comme il faut, avait orné ses joues de motifs à l'encre, s'était arrangé pour lui tresser les cheveux en jolies nattes, puis l'avait voilé d'une main experte et lui avait intimé l'ordre de prendre place à côté de sa fille. Quand tous les hommes furent rendus sur le quai, le capitaine annonça :

– Ne restent plus que trois femmes.

Il fut convenu que l'un des préposés à l'inspection serait admis à passer sur le pont pour visiter ces femmes. Il les dévisagea l'une après l'autre, s'émerveilla de la beauté de celle qui n'était autre que l'émir 'Ali, mais ne poussa pas plus loin son examen par crainte d'être tenté. Il quitta le bord comme il y était venu, et passagers aussi bien qu'équipage purent regagner le navire.

Peu après, celui-ci reprenait la mer.

Encore une fois, le vent leur fut favorable, si bien qu'en un nombre raisonnable de jours ils parvinrent en vue de la première île du Grand Archipel[1]. Le capitaine ne cacha pas sa satisfaction à se voir en si bonne route.

– Ô marchands, lança-t-il à ceux dont il s'était fait de si bons amis, nous vous félicitons d'être arrivés jusque ici sains et saufs. Le but du voyage est proche : cette île que vous voyez est la dernière avant l'Ile de Camphre.

On passa donc encore une île, et cette fois ce fut la terre si longtemps espérée qui se profila à l'horizon. Ils s'approchèrent, gagnèrent le port. Une foule nombreuse se tenait sur la rive.

– Par Dieu ! annonça le capitaine, je devine que l'accueil va être le même qu'à l'Ile d'Ambre.

– Qu'à cela ne tienne, le rassura la vieille, nous connaissons à présent la ruse à employer.

Ils débarquèrent, et on leur fit savoir que le roi de l'île avait marqué le souhait de les accueillir lui-même – c'est-à-dire de les passer en revue. Déjà il s'avançait vers eux :

– La reine Hyacinthe, leur expliqua-t-il, m'a mandé que j'eusse à m'assurer de vous. Selon le dernier point de ses ordres,

_____

1. L'Insulinde.

tout navire arrivant de l'Irâq doit être fouillé. L'on recherche en effet un jeune homme dont voici le signalement...

Le roi exposa par le détail l'objet de son enquête, spécifia bien les différents points du signalement qu'on avait dressé ; puis il les interrogea.

– A aucun moment, lui assura le capitaine, nous n'avons eu à notre bord d'individu qui ressemble à ce jeune homme dont tu nous parles.

Les gardes se mirent malgré tout à fouiller le navire : Dieu jeta un voile décent sur ceux qui n'avaient pas à être vus ; et la petite troupe des voyageurs put enfin prendre le chemin de la mosquée afin d'adresser ses louanges à Dieu et Le remercier.

La nouvelle de l'arrivée du navire était cependant venue jusqu'au palais où la reine Hyacinthe s'inquiéta. Elle chargea Brin-de-Corail de veiller à ce que tout se passât selon ses ordres. Celle-ci convoqua le responsable de la fouille et le soumit à un bref interrogatoire. Ses réponses lui donnèrent satisfaction.

– Et as-tu bien examiné les femmes ? s'enquit-elle pour finir.

– Non, par Dieu ! s'insurgea le brave homme. C'est un peu délicat... L'émir 'Ali serait du reste bien en peine de se déguiser en femme !

Brin-de-Corail pesta et prit en hâte le chemin de la mosquée. Dès qu'elle entra dans le sanctuaire, 'Ali la reconnut et étouffa un cri. Puis il prononça à mi-voix ces paroles :

– Il n'y a de force et de puissance qu'en Dieu le Très-Haut, le Très-Grand !...

La vieille femme qui accompagnait le prince déguisé s'était levée dès qu'elle avait aperçu la jeune émissaire du palais, dont toute l'attitude indiquait qu'on lui devait respect.

– Ô dame mienne, lui dit-elle, mes filles sont tes servantes.

Brin-de-Corail ne se laissa pas amadouer pour si peu. Elle fit savoir pourquoi elle était là, et annonça qu'elle se chargerait elle-même d'inspecter ces dames.

Et elle fit comme elle avait dit : elle mit la main sous les vêtements de la première, puis de la deuxième et les rassura.

– Tu n'as rien à craindre, mon enfant, dit-elle à l'intention de la fille de la vieille femme, qui avait passé l'examen avec succès. Tu peux désormais compter sur la protection des gens d'ici : ils sont tes frères, elles sont tes sœurs.

Comme elle se tournait vers 'Ali, il murmura ces mots en lui-même : « Ô Dieu, Toi qui protèges victorieusement le secret des hommes... »

Il n'eut pas le temps d'en dire plus. L'autre était en face de lui. Il se sentit pâlir, certain à présent que l'heure de sa perte était venue. Il s'appliquait à tenir la tête courbée vers le sol, ainsi qu'il sied à une modeste fille, mais à l'idée que la vie bientôt allait lui être ôtée, le sens venait presque à lui manquer.

Brin-de-Corail leva la main et écarta le voile qui lui cachait le visage. Oui, c'était bien le visage du prince 'Ali qui se trouvait devant elle, mais elle en douta d'abord. Elle le scruta avec une attention aiguë, détaillant chacun de ses traits.

– Par Dieu ! s'écria-t-elle sur un ton qui se voulait plaisant. La charmante enfant que voilà ! Et quel minois ! Rose comme l'aurore, délicieux à regarder... Si c'est celui d'une femme !... Gloire à Celui qui t'a créé, ô visage !... à partir d'une source où coule pourtant une liqueur bien impure...

Cette fois, elle en était sûre, il s'agissait bien du prince !

– Dieu m'est témoin, ô émir 'Ali, de toutes les créatures qui foulent la surface de cette terre, je n'ai détesté personne plus que toi !... Et pourtant, maintenant que je te vois... que je te vois tel que tu es... oui, maintenant quelque chose en moi, inexplicablement, me commande de te faire grâce.

L'interpellé cependant gardait le silence, comme si sa langue eût été nouée.

– Ô seigneur, parle, parle donc ! insista Brin-de-Corail. Tu n'as plus rien à craindre de moi.

– Ô Brin-de-Corail, sans doute... si tu le dis ! Mais je t'avertis, l'heure du service à rendre est venue !

– Je le sais. J'ai peine à croire que tu pourras un jour excuser ma conduite. Mais peu importe... Ce qu'il faut maintenant, c'est que je t'aide à atteindre ton but. Et tant pis si ensuite tu te désintéresses de moi !

Il jura qu'il n'agirait pas ainsi envers elle et voulut lui baiser la main. Elle l'en empêcha. Elle avait pour l'heure d'autres inquiétudes en tête et s'en ouvrit à lui avec franchise :

– Ô seigneur, par Dieu, sache que de l'instant où la reine t'a repris ton anneau, je n'ai plus revu cet objet. Et j'ignore où il se trouve. Quant à l'éventualité de la démasquer en la conviant à s'en servir... peine d'avance perdue ! Elle manque du courage qu'il faut, de la conviction qu'il faut pour regarder en face les Djinns. S'il lui restait tant soit peu de ces deux vertus, il y a long-temps qu'elle aurait arrangé ta perte ! Ah ! si seulement je savais où elle le cache ! Tu sais la position de confiance que j'occupe auprès d'elle. Eh bien, aujourd'hui elle se cache aussi de moi !

Mais Brin-de-Corail ne pouvait s'attarder en ce lieu. Il lui fallait rentrer. Ainsi donc ils se quittèrent, se promettant de se revoir en de meilleures circonstances. La voyant partir, 'Ali le prince s'étonnait : il doutait qu'il fût encore en vie. Mais il vivait !

« Je n'ai d'autre secours pour l'instant, songeait-il, que de m'aller réfugier chez cette vénérable femme qui tantôt m'avait pris pour son fils et m'avait fait si grand accueil. » Il alla frapper à sa porte dans la tenue dont il était affublé. La servante qui lui vint ouvrir ne le reconnaissait pas. Il lui servit cette fable :

– Je suis une servante de la maison du roi ; l'on m'a mandée pour parler à ta maîtresse en son particulier.

La domestique revint au bout de quelques instants et l'introduisit. La maîtresse des lieux était assise, entourée de sa cour ordinaire de jeunes confidentes. Elle se leva en son honneur :

– Approche donc, ô dame mienne.

– Il lui prit les mains et demanda :

– Ne me reconnais-tu donc pas ?

Il releva son voile et lui baisa la main.

–'Ali !...mon fils !... mon prince !...

Elle le pressa contre sa poitrine... et il la sentit qui défaillait déjà entre ses bras.

Dès qu'elle fut revenue de cet éblouissement, elle l'entreprit sur ses aventures :

– Allons, mon fils, dis-moi vite ce qui t'est arrivé, et quelles traverses ont fait que te voilà chez moi en cette tenue !

Il lui fit le récit de tout, du commencement jusqu'à la fin. Elle en fut toute défaite et soupira :

– C'est bien ce que j'avais craint pour toi.

Puis après un temps :

– Allons, mon fils, il n'est plus l'heure de te soucier de ce qui est passé. Revenons au présent. A ton avis, quel est le premier but à atteindre ?

– Rentrer en possession de l'anneau. C'est pour moi la seule façon d'espérer prendre une revanche sur la princesse.

– Je me charge de répondre à ce souhait.

L'honorable dame ne perdit pas de temps. Tandis que ses servantes, toutes réjouies par le retour du joli prince, lui faisaient son accueil, elle s'enferma dans la salle de bains, écrasa quelques gousses d'ail qu'elle pétrit avec un peu d'huile de sésame et se colla ce vilain emplâtre au beau milieu du front : juste à l'endroit où il touche le sol à l'heure des prosternations de la prière. Et elle le frotta, le maquilla, puis le mortifia et le noircit en donnant à plusieurs reprises de la tête contre les dalles jusqu'à lui faire prendre l'aspect d'un cal façonné par des années d'agenouillement et de pieuses invocations. Ceux qui seraient admis à la découvrir ainsi fardée n'auraient aucun doute sur sa personne : elle serait à l'instant rangée par eux au sein de la vertueuse phalange des femmes confites dans l'adoration de Dieu.

Elle passa une tunique de simple coton, un voile de tête de grosse laine, prit une vieille besace de cuir et y glissa quelques pièces d'or qu'elle rangea dans un petit récipient rempli d'eau, jeta par-dessus un bout d'étoffe et prit le chemin du palais.

On la laissa passer la porte.

Sitôt dans le vestibule, elle avisa une jarre remplie d'eau qu'on laissait là à la discrétion des visiteurs et vint y puiser ostensiblement, se servant de sa méchante besace comme d'une outre.

Les serviteurs préposés à la surveillance de la porte ne manquèrent pas d'observer son manège et la prièrent de déguerpir.

– Allons, ne nous raconte pas que tu es venue ici pour prendre

de l'eau. Les gens de ta sorte, toujours en quête d'un lot à cha-
parder, on sait les avoir à l'œil !

– Au nom de Dieu ! s'écria-t-elle indignée – et son cri fit reten-
tir toute la maison. Je me soucie bien de mettre la main sur les
maigres richesses de ce lieu ! Je suis la servante de Dieu le Très-
Haut et de Lui seul. Et Il me dispense toute richesse. Ignorez-
vous, gens de peu de Foi, que les serviteurs de Dieu ont le pouvoir de transformer cette eau en or !

Et, joignant le geste à la parole, elle leur courut sus et se mit
à les frapper à grands coups de sa besace dégoulinante. Et voilà
que de jolies pièces d'or en jaillirent qui tintèrent plaisamment
sur le sol. Gardes et serviteurs en belle unanimité se précipitèrent à quatre pattes pour ne rien perdre de la récolte, tandis
que des clameurs de surprise, d'émerveillement retentissaient
par tout le palais. Le roi lui-même en eut les oreilles chatouillées
et s'enquit des raisons de ce vacarme.

– Ô roi, lui fit-on savoir, il semblerait bien qu'un prodige ait
eu lieu sous le toit de ta demeure. Une pauvre vieille s'est pré-
sentée tout à l'heure à la porte pour demander un peu d'eau, et
comme on la chassait ensuite de peur qu'elle ne chaparde, elle a
menacé de transformer cette eau qu'elle venait de puiser en
pièces d'or. Et c'est bel et bien ce qu'elle a fait avant de prendre
la fuite, traitant de vilains tes serviteurs qui s'affairaient par
terre à courir après les jaunets qui s'étaient échappés de sa
besace.

– Par Dieu ! c'est là un vrai prodige, tu n'en as pas menti ! Et
l'on a laissé partir cette sainte femme, cette amie de Dieu ! Voilà
bien où est votre faute : vous m'avez privé de ses richesses, oui…
vous m'avez empêché de solliciter sa bénédiction !

La vieille cependant s'en était prestement retournée en sa
maison, où l'émir 'Ali l'attendait dans l'inquiétude ; il se précipita pour lui embrasser la main.

– Que je te mette au courant de la ruse à quoi j'ai songé ! Si
elle donne le résultat que j'escompte, nous aurons bientôt ce que
nous désirons. Ne te tourmente pas là-dessus.

Elle demeura trois jours sans sortir de chez elle. Le quatrième,

elle reprit sa besace de cuir, y glissa encore un bon nombre de
pièces d'or, revêtit sa parure et son voile de méchante laine et
s'en vint rôder autour du palais. Dès qu'ils la virent à la porte,
les domestiques se précipitèrent vers elle, et c'était à qui lui bai-
serait le mieux les deux mains ! Elle s'approcha de la jarre et
cette fois nul ne songea à la prier d'aller boire ailleurs. Plongeant
d'un geste vif sa besace dans le vaste récipient, elle leur adressa
ces paroles :

— Eh bien, puisque vous y tenez si fort, prenez donc votre part
sonnante et trébuchante des vanités de ce monde ! Allez, mes
enfants, courez un peu après cet or qui tant vous fait envie !

Et, retirant d'un même mouvement preste le sac gonflé d'eau,
elle les en aspergea à plaisir et les en roua de coups avec plus de
plaisir encore. Et ce furent de nouveau partout des jaunets qui
dansaient en rebondissant sur le sol. Et pareillement l'on vit tous
ceux qui étaient présents se ruer aux trousses des piécettes sau-
tillantes, se chamaillant à qui mieux mieux pour les saisir au vol
et s'en garnir convenablement les poches. Et ce furent à la fin de
si beaux cris encore que le roi voulut faire cesser ce chahut et
qu'il fallut à nouveau lui expliquer toute l'affaire. Mais cette fois
on s'était arrangé pour ne pas laisser s'envoler la donzelle...

— Qu'on me l'amène à l'instant ! ordonna le roi.

Il voulait lui faire honneur et il se leva pour l'accueillir dès
qu'elle parut à la porte. Il alla jusqu'à s'incliner devant elle et lui
baiser la main. Nullement intimidée par ces marques de respect
lui venant pourtant d'un monarque en titre, elle répondit à ces
prévenances en se lançant dans un sermon où il était grandement question de la conduite des princes, du soin qu'ils devaient
en prendre et qu'ils n'en prenaient que trop rarement, des
flammes de l'Enfer qui les attendaient comme tout un chacun
s'ils n'y prenaient garde, et des plaisirs du Paradis qui les récom-
penseraient en bons Croyants qu'ils étaient s'ils s'avisaient de
pratiquer ainsi qu'il se devait charité, justice, équité...

— Une source d'affection toute vouée à ta personne vient de
naître dans mon cœur, lui avoua-t-il quand elle en eut fini. Reste
donc auprès de nous. Et d'abord je veux te présenter à ma fille.

C'est une âme sauvage et elle ne pourra que tirer bénédiction de ta présence.

– Que ton projet soit béni ! répondit la sainte créature.

Il la précéda jusqu'aux appartements de la reine sa fille, la présenta avec les mots les mieux choisis, et son discours parut faire effet. La princesse fit un aimable accueil à celle qu'on lui disait être une si grande amie de Dieu, lui embrassa le front et dit :

– Ô dame mienne, je crois moi aussi que ta présence me fera du bien. Si cela te convient, j'aimerais que tu prennes tes aises en ce lieu, et d'abord que tu consentes à passer la nuit chez nous. Je n'ai pas envie que le temps nous marchande les pieux entretiens que nous pouvons avoir toi et moi, car, mon royal père a raison, ils ne peuvent qu'être source de bénédiction divine.

La vieille feignit d'abord de se trouver embarrassée par cette proposition qu'on lui faisait.

– C'est impossible pour ce soir, finit-elle par confier à la princesse. C'est que j'ai une fille dont il me faut m'occuper. Je n'aime pas la voir sortir, et qui d'autre que moi pourra lui rapporter les commissions dont elle a besoin ?

– Ah non ! Je tiens par-dessus tout à ce que tu passes cette nuit près de moi ! protesta la reine. Cette nuit et les autres nuits !

La vieille femme dut bien céder, et il parut à tous que c'était à contrecœur. Elle dormit auprès de la reine toute la nuit qui suivit, et la nuit suivante encore, et encore la nuit d'après – et pendant ce temps-là 'Ali le prince se consumait d'inquiétude, assis sur des charbons ardents.

Le quatrième jour venu, l'impatience du malheureux jeune homme était telle qu'il faillit céder au désir de partir à la recherche de la disparue : « Il n'y a de puissance et de force qu'en Dieu le Très-Haut, le Très-Grand », avait-il beau se répéter, rien ne venait rassurer son cœur. Il eut pourtant garde de sortir en dépit de tout ce qui l'appelait au-dehors.

Sa vieille « mère » cependant confiait son tracas à la reine qui commençait à la prendre en amitié.

– Il est grand temps, je crois, que j'aille rejoindre ma fille, ou

au moins que je lui donne de mes nouvelles, sans quoi elle risque
de s'inquiéter pour moi. Rassure-toi, je ne serai pas longtemps
absente, et à mon retour j'aurai pris toutes mes dispositions pour
être en mesure de te tenir compagnie pendant un mois, deux
mois même…

— Ainsi donc, tu as vraiment une fille !

— J'ai vraiment une fille, comme tu dis si bien. Imagines-tu
une femme de ma sorte aller perdre son temps à raconter des
fables, à mentir sous le regard de Dieu ! Oui, j'ai une fille, sache-
le, et la plus parfaite qui soit à la surface de la terre. Je l'ai éle-
vée pour qu'elle suive le même chemin que moi, et qu'elle aille
plus loin encore sur ce chemin. Et j'ai plaisir à constater qu'à
l'âge qu'elle a, elle est tout occupée à l'adoration de son Maître
céleste et n'a pas un regard pour les autres créatures – même pas
pour celles qui à l'ordinaire troublent le cœur des jeunes filles.

— Mais par Dieu, ô dame mienne, que ne l'invites-tu à nous
rejoindre ici !

— Ah, pour cela, je me vois obligée de te décevoir : ce serait la
distraire par trop de ses prières, elle n'y consentira jamais.

— Ô ma mère, insista la reine, par égard pour la Face du Dieu
Très-Haut, sois au moins assez bonne pour tenter de la persua-
der de se rendre à notre invite !

— Je le ferai pour te complaire, mais je doute d'y arriver.
Toutefois je mets à cela une condition : si elle accepte de venir
jusqu'ici, je te demande de la laisser conserver son voile, même
devant nous, même devant toi. Figure-toi que depuis qu'elle est
née, depuis que le Dieu Très-Haut l'a créée, elle n'a jamais montré son visage à personne en dehors de moi.

— Je me range à cette condition, promit la reine.

L'amie de Dieu fut donc autorisée à quitter le palais ce jour-
là. On devine si elle s'empressa de regagner sa demeure où
l'attendait 'Ali le prince ! Elle le mit en peu de mots au fait des
premiers résultats de son intrigue, ce qui le réjouit fort. Mais il
voulait en savoir davantage :

— Compte-moi maintenant par le détail ton séjour chez la reine,
et ne m'épargne aucun des propos que vous avez échangés !

Elle se fit une douce raison et lui débita le menu de son aventure sans en rien oublier.

Mais il était temps pour eux de passer à la suite. Elle s'employa donc à transformer 'Ali en jeune fille – rôle auquel il commençait à s'entendre. Puis elle lui fit revêtir robe de bure, voile de laine, et l'emmitoufla si bien qu'à la fin, de toute sa personne, on ne pouvait apercevoir, à travers deux trous ménagés dans le tissu, que les yeux. C'est en cet équipage qu'elle le conduisit ensuite au palais.

L'ovation qu'on lui fit à la porte, où veillaient toujours les gardes, lui dit assez combien son stratagème avait réussi. Ce n'étaient que clameurs, louanges, bénédictions ! Servantes, serviteurs, palefreniers, marmitons, soldats, tous voulaient lui baiser la main. Il en accourait de partout.

Tous deux gagnèrent les appartements de la reine, et la vieille mère s'assura qu'on avait préparé une alcôve à part à l'intention de sa fille, qui avait besoin de tout le recueillement possible. Ces dispositions prises, elle annonça qu'elle devait quitter le palais pour quelques heures : de saintes obligations l'attendaient au-dehors.

– J'ai promis de rendre visite, expliqua-t-elle, à une petite communauté de sages qui ont choisi de faire retraite en un lieu retiré. Ce sont des gens qui consacrent tous leurs instants à l'adoration de Dieu. Ma fille et moi rendons régulièrement visite à ces solitaires. Je ne puis me dispenser de les aller voir aujourd'hui.

On la laissa aller son chemin, et l'émir 'Ali – que chacun prenait pour sa fille – s'installa pieusement dans son oratoire improvisé et resta en prières jusqu'au coucher du soleil.

Le soir venu, on présenta à la si sage, à la si sainte fille nourriture fine, friandises et gâteaux. Elle ne voulut toucher à rien de tout cela : elle avait consacré ce jour au jeûne, mentionna-t-elle, et ne pouvait rompre son vœu.

– Mais tu ne vas donc rien manger ! s'étonna-t-on autour d'elle.

– Tout à l'heure, peut-être, à la nuit noire. Mais rien d'autre qu'un pain rond, à condition qu'il soit d'orge, et qu'une pincée de gros sel.

La reine, qui assistait à la scène, se tourna vers Brin-de-Corail et lui glissa :

– Vois comme est cette fille, qui pourtant se nourrit de bien peu. Vois ses formes splendides ! Et cette stature, et cette allure !...

– Pour sûr, observa Brin-de-Corail, le Ciel s'entend à récompenser ceux qui se dévouent à son service ! Vois comme le Dieu Très-Haut prend soin des créatures qui se privent pour Lui ! Elle jeûne, et aucune fille pourtant ne saurait se vanter d'avoir un corps si généreux, si robuste !

Mais la reine était fascinée par ce prodige justement, par cette merveille qu'était à ses yeux ce corps si peu nourri et malgré cela d'une si troublante opulence !

– Ô Brin-de-Corail, soupira-t-elle, comme j'aimerais coller mon corps au corps de cette belle enfant ! Je suis sûr que si l'on me permettait de le faire, le Feu de l'Enfer lui-même n'aurait plus pouvoir contre moi !

Vint l'heure où il fallut s'aller coucher. La reine ordonna qu'on lui amenât en sa chambre la belle orante. Elle voulait la traiter au mieux, lui marquer son affection. L'autre se contenta de grignoter son pain d'orge assaisonné d'un peu de sel. Après quoi elle se leva et récita l'office du soir.

Brin-de-Corail savait quel désir habitait le cœur de la reine. Quand la fille au voile en eut fini avec son oraison, elle s'approcha d'elle, lui baisa tendrement la main et lui dit :

– Ô dame mienne, je t'en conjure, au nom de Dieu au-dessus de toi, accepte pour cette nuit de dormir aux côtés de la reine. Son âme a besoin de toi.

C'était dit avec tant de douceur, tant de pénétration, que la farouche enfant se laissa convaincre.

– C'est bien, dit-elle. J'accepte son invite – au nom de Dieu.

La reine bondit sur ses pieds, la joie au cœur, couvrit d'ardents baisers la main de la visiteuse qui acceptait d'être pour elle comme une sœur de la nuit.

La reine et sa favorite se mirent à l'aise, mais leur chaste compagnes avait d'autres pudeurs.

– Éloignez de moi cette chandelle, leur demanda-t-elle, je ne saurais me dévêtir dans la lumière.

Elle ôta son pantalon de laine et son voile tomba. Elle ne garda sur elle qu'une fine tunique et s'étendit en silence au milieu du lit. La reine cependant enlevait l'un après l'autre ses vêtements et ne garda rien ; et Brin-de-Corail fit de même. Mais déjà la reine courait rejoindre au lit cette créature qu'elle croyait fille et dont elle devinait la présence dans l'ombre. Elle se réserva le côté de la couche, se blottit contre le flanc de celle qui lui avait si gracieusement offert la faveur de sa présence, tandis que Brin-de-Corail dans l'obscurité prenait place de l'autre côté de la pudique et superbe enfant.

Des sentiments divers agitaient ces trois âmes, une douce torpeur pourtant les prit toutes les trois, et elle s'endormirent.

Au milieu de la nuit, Brin-de-Corail sentit que le sommeil l'avait quittée. Elle sentait la présence de la jeune inconnue à ses côtés. Elle se risqua à la fin à tendre la main vers elle. Ses doigts furent bientôt sous la tunique, et là où elle croyait trouver, chez sa compagne endormie, ce que l'on trouve chez les filles, elle trouva ce que l'on ne rencontre que chez les hommes.

Elle réprima le mouvement de surprise qui lui venait. Elle venait enfin de comprendre : celui qui était étendu entre elles deux sous sa fine tunique n'était autre que l'émir 'Ali, elle en était sûre ! Et pour mieux confirmer cette certitude, elle poursuivit doucement son exploration. Oui, c'était lui ! N'y pouvant plus tenir et notant que la reine se trouvait toujours profondément endormie, elle s'approcha encore de lui et lui murmura à l'oreille :

– Ô 'Ali, ô mon maître !... Ainsi donc tu as négligé ta vie jusqu'à prendre ce risque insensé !... Ainsi donc tu es venu jusqu'à nous ! Ah ! ta vieille complice qui se faisait si bien passer pour l'amie de Dieu nous a servi là une belle ruse ! En voilà une qui ne ménage ni sa patience ni son intelligence !

Et dans l'ombre, 'Ali s'étant éveillé à son tour et tous deux s'étant rapprochés encore l'un de l'autre, ils échangèrent des confidences jusqu'aux premières clartés de l'aurore.

Celle qui avait joué la veille le rôle de la chaste et pieuse jeune fille fut la première à se lever, à se vêtir. Son premier geste fut de se mettre en prières, et elle y resta longtemps; puis, tandis que ses compagnes reposaient toujours, elle s'assit non loin d'elles et parut s'abîmer dans la méditation.

Le père de la princesse Hyacinthe, le roi qui régnait sur la ville, pénétrant un peu plus tard dans l'appartement réservé, la trouva dans cet état, lui prit la main et y déposa un baiser.

La reine venait de se lever, le cœur content, et les rejoignit. Elle voulait remercier sa compagne de sommeil :

– Sache que nous avons été vivifiées, lui dit-elle, par ta présence cette nuit à nos côtés !

Brin-de-Corail peu après tint à accompagner leur belle visiteuse jusqu'à l'alcôve qui lui était réservée. C'était l'occasion d'être seule un instant encore avec 'Ali. Et puis, elle avait quelque chose à lui confier en secret.

– Une idée m'est venue ! fit-elle à mi-voix. Voilà... Au souper de ce soir, quand on t'invitera à te servir en présence de la reine, refuse ce qu'on t'offrira. Tu feindras un malaise... Tu auras mal au cœur... Et quand on te demandera ce qu'il te faut pour te remettre, fais savoir que la seule nourriture capable de te faire du bien serait une bouchée de limon acide. La reine ordonnera qu'on aille t'en chercher, mais c'est un fruit qu'on ne trouve guère chez nous. C'est alors que j'interviendrai. Tu m'entendras lui dire : « Ô maîtresse, à quoi bon chercher ce que nous n'allons pas trouver ! Rappelle-toi que tu as le pouvoir de procurer à cette enfant ce qu'elle demande. Ne commandes-tu pas au peuple des Djinns ? Il te suffit de laisser agir ce talisman que tu sais, et notre amie aura devant elle tous les fruits qu'elle désire. Et veille à ce que l'on lui apporte bien des limons du pays d'Irâq, ce sont au monde les meilleurs ! »

» Qu'en penses-tu ?... Si elle va chercher l'anneau – et elle ira le chercher –, je saurai vite où elle le cache; et dès lors il ne me sera pas trop difficile d'inventer une autre ruse pour m'en emparer et te l'apporter !

– Voilà, ma foi, un avis excellent, approuva 'Ali à voix basse.

Et le souper venu, ils firent comme ils avaient dit. 'Ali, dans ses atours austères de chaste amie de Dieu, refusa de manger et s'excusa : il avait mal au cœur, mieux lui valait de s'abstenir.

— Mais ne souhaites-tu rien prendre qui pourrait te remettre d'aplomb ? s'inquiéta la reine.

— Quand je suis en cet état, objecta la sainte jeune fille, rien ne saurait me faire du bien… si ce n'est un peu de limon bien acide…

La reine aussitôt se tourna vers ses serviteurs :

— On devrait, j'imagine, trouver cela en ville, leur dit-elle. Courez vite en chercher !

— Ô maîtresse ! l'interrompit Brin-de-Corail, à quoi bon ce tracas ? N'as-tu pas ce talisman qui te permet de commander au peuple des Djinns ? Tu n'as qu'à t'en servir, c'est si simple ! Mais veille bien à faire apporter à notre amie du limon de l'Irâq, c'est le meilleur.

— Par Dieu, tu as raison ! s'écria la reine.

Elle sortit une petite clé de l'échancrure de sa robe.

— Tiens, ô Brin-de-Corail, dit-elle, prends cette clé et aie la bonté d'aller chercher l'échelle que l'on range d'ordinaire dans ma resserre personnelle. Tu la disposeras sous cette lucarne que tu vois là-bas au fond de l'alcôve.

Brin-de-Corail suivit son ordre point par point. La reine se leva, monta l'échelle, ouvrit la lucarne, y prit une autre clé, et s'en alla ouvrir un cabinet dont elle retira une petite boîte d'or fin. Elle l'ouvrit, en tira un étui d'ivoire incrusté d'or, en ôta le capuchon et fit glisser l'anneau dans le creux de sa main. Puis elle s'éclipsa dans la pièce voisine.

Peu après, elle appelait Brin-de-Corail et la priait de la rejoindre. Celle-ci s'éclipsa à son tour et revint l'instant d'après, portant un plateau entre ses mains, garni des plus beaux limons acides que la terre d'Irâq eût jamais portés.

— Nous savons à présent l'endroit où elle cache l'anneau ! glissa-t-elle à l'oreille de l'émir déguisé en fille, tandis qu'elle déposait les fruits devant lui.

Mais la reine déjà revenait vers eux.

— Et maintenant, ô notre amie, mange de bon cœur !

La visiteuse loua le Dieu Très-Haut et goûta aux fruits. Il ne lui en fallait pas tant ! Elle remercia la reine et laissa entendre après quelques bouchées qu'elle s'estimait comblée. La reine fit donc distribuer le reste aux servantes, puis elle s'absenta un bref instant pour aller ranger l'anneau.

L'on saura tout à l'heure que, toute à sa joie d'avoir pu enfin complaire à celle qu'elle considérait déjà comme sa nouvelle favorite, elle en oublia la clé sur la serrure – ou plutôt, la volonté du Dieu Très-Haut en décida ainsi. En hâte elle retourna donc vers l'amie de son cœur.

– Comment te sens-tu à présent ? s'enquit-elle.

– Tout à fait à mon aise, ô dame mienne.

– Ton mal a-t-il disparu ?

– Il a disparu. Simplement je me sens un peu faible et je crois que j'aurai toutes les peines du monde à me lever, à regagner ma chambre. M'autoriserais-tu à m'étendre, et même à dormir sur ces coussins où nous sommes ? Ce serait le mieux pour moi. A trop remuer, j'ai l'impression que je pourrais faire revenir ce malaise. Je suis si bien ici...

– Que ton désir soit béni, fit la reine.

A contrecœur peut-être, elle laissa là sa nouvelle amie, se retira en ses appartements, et cette nuit-là dormit seule.

Brin-de-Corail, sa maîtresse couchée, regagna sans faire de bruit le salon où elles avaient soupé.

L'échelle était restée contre la lucarne, et la clé était sur la serrure !

– Tu peux te lever à présent, dit-elle à l'adresse du prince 'Ali toujours vêtu en fille et toujours étendu sur ses coussins. Te voilà parvenu à tes fins !

Il se leva, croyant à peine à ce qui leur arrivait, tant son cœur était bousculé d'émotion et de joie. Il grimpa l'échelle, ouvrit le petit battant, prit le sac – bref, il fit tout ce qu'il avait vu faire à la reine... et l'anneau fut enfin à son doigt !

Brin-de-Corail n'avait pas bougé et l'attendait. Quand il fut tout près d'elle, elle soupira :

– Ô seigneur, tu m'as promis de ne point m'abandonner...

– Je t'ai bien promis cela, confirma le prince, et ne me trahi-rai point. Je ferai mieux : j'ai résolu de t'épouser, et tu seras princesse à mes côtés. Et si la faveur de régner nous est donnée en partage, le pouvoir sera entre tes mains ; je me contenterai pour ma part d'être le serviteur de cet anneau – ce sera plus qu'aucun roi a jamais souhaité !

Elle lui prit doucement la main, et doucement la baisa.

Mais il leur fallait se séparer à présent. Beaucoup restait à faire s'ils voulaient à la fin se trouver réunis ainsi qu'ils se le pro-mettaient.

Dès qu'il fut seul, il prit place dans l'alcôve et déposa l'anneau par terre à ses pieds.

– Apparais, ô Maymoûn, fit-il.

Maymoûn apparut, salua et parla :

– Ô seigneur, j'ai vécu avec tristesse ma séparation d'avec toi. Mais tu le sais, nous autres serviteurs de l'anneau ne pouvons qu'obéir à qui le possède. Tel est notre lot : écouter et obéir.

'Ali le remercia et lui exposa ce qu'il attendait de lui :

– Je veux de toi, pas plus tard que demain, que tu te présentes à moi à la tête de mille cavaliers cuirassés de fer. Je veux qu'ils cernent cette ville, et que les assistent gens à pied, sonneurs de trompette, batteurs de tambour, porteurs d'étendards, tous ces gens ayant forme humaine accomplie.

– Oreille attentive et bon vouloir, répondit Maymoûn – et il disparut.

Ses paroles résonnaient encore dans la pièce quand il reparut, car le temps lui-même était à ses ordres.

– Tes vœux sont déjà exaucés, fit-il.

– Que Dieu te récompense et t'accorde tous ses bienfaits ! remercia le prince. A présent prends cette clé, et remets-la dans le sac où la reine a l'habitude de la serrer : je ne veux pas éveiller en elle le moindre soupçon dont pourrait avoir à pâtir Brin-de-Corail, désormais l'élue de mon cœur.

Ce nouveau souhait se trouva lui aussi réalisé à peine avait-il été formulé. Après quoi 'Ali n'eut plus qu'à retirer l'échelle de sous la lucarne et à l'aller ranger.

– Ô Maymoûn, ordonna-t-il enfin, je veux un coursier, et que
sa robe soit noire comme la nuit, et que ses rênes soient des
chaînes d'or. Il me faut enfin un costume accordé à l'heure que je
m'apprête à vivre : non plus un costume de prince, mais de roi.

A l'instant l'émir 'Ali fut transporté hors du palais : le coursier était là qui l'attendait. Il mit le pied à l'étrier, se sentit soulevé dans les airs, et voilà que l'armée des Djinns chevauchait à
ses côtés ! Mille hommes bardés de fer allaient au coude à coude,
mille hommes formaient comme une muraille de fer ! Leurs che-
vaux hennissaient et piaffaient, la terre sous leurs sabots frémis-
sait. 'Ali le prince en sentait son cœur soulevé d'allégresse !

Déjà l'aube offrait sa clarté au monde. Bientôt l'armée en
marche fut en vue de la ville. Sonnèrent alors les trompettes, les
fifres, battirent les tambours. Les suivait la confuse rumeur des
armes : cette grande voix de la guerre ! Les habitants de la cité
qui s'éveillaient à peine en furent glacés d'effroi. Montés aux
murs, des soldats donnèrent l'alarme. On courut sangler les che-
vaux. Et c'étaient des appels, une confusion d'ordres, de jurons
et de cris. Prévenu du danger, de la venue de cette armée inconnue qui serait bientôt aux portes, le roi, comme à son habitude,
avait couru chez sa fille.

– Une armée, dis-tu ? Quelle armée ? qui sont ces gens qui
osent attaquer notre ville ?

– Je n'en sais rien, s'excusa le roi.

– Tu n'en sais rien ! Par bonheur tu peux compter sur moi :
m'en remercieras-tu ? Mais n'aie crainte, j'ai de quoi les repousser !

Elle courut chercher l'échelle, la posta sous la lucarne, prit là-
haut la clé, se précipita vers son cabinet. L'anneau n'était plus à
sa place !

Elle appela Brin-de-Corail :

– Ô Brin-de-Corail, sais-tu où se trouve l'anneau ?

– Non, maîtresse. La dernière fois que je l'ai vu, il était entre
tes mains. Tu partais le remettre dans sa cachette.

– Tu as raison, je me souviens bien moi aussi... Alors ce sont
les Djinns qui l'ont volé, qui l'ont repris !

Elle avertit son père que la bataille, cette fois, risquait d'être rude. Songea-t-il à la dissuader de risquer leurs forces dans cette rencontre qui excédait leurs possibilités de résistance ? Toujours est-il qu'il n'en fit rien et qu'une fois de plus il la suivit. Lui aussi enfourcha sa monture, lui aussi prit le chemin de la plaine où les deux armées déjà étaient face à face. Et tous deux se portèrent sur le front de leurs troupes.

Avisant un officier, le roi lui lança :

— Sait-on au moins qui sont ces gens ? Tant qu'il en est temps, essaie donc de pousser une brève reconnaissance sur leurs flancs et reviens me dire de quoi sont constitués leurs corps de troupes.

L'autre n'eut pas à galoper loin. On le vit qui bientôt s'en retournait.

— Quelles nouvelles rapportes-tu ? s'enquit le roi.

— Mauvaises, ô seigneur. C'est la mort, que je t'annonce. A la tête de leur armée chevauche l'émir 'Ali, l'époux de ta fille. Ses forces sont en nombre, mais surtout magnifiquement équipées. Si je lis bien leurs mouvements, leur but n'est pas de nous anéantir mais d'enfoncer notre centre et de courir jusqu'ici : ce qu'ils veulent, c'est s'emparer de ta fille et de toi !

Le roi à ces mots ne put tenir ses larmes et leur goût n'était qu'amertume. Il leva la tête en direction de sa fille : elle aussi pleurait, et quel goût avaient ses larmes à elle ? La rage pourtant semblait l'habiter, une rage qui ne finirait donc qu'avec elle ! Il l'entendit qui lançait encore l'un de ses sarcasmes :

— Ainsi donc il aura obtenu ce qu'il voulait !…

Le roi sut qu'il n'y avait plus rien à faire : rien d'autre que se lancer à l'assaut et périr. Il s'élança.

Ni elle ni lui n'avaient voulu éviter cette bataille, et ils y entraînaient leur peuple. La mêlée fut bientôt générale, mais les défenseurs de la ville manquaient de moyens pour résister à la charge de l'adversaire, et plus encore pour entamer le mur de fer du corps des cavaliers cuirassés. Ils rompaient sur tous les points du front, se débandaient. Le gros de leurs forces tenta un semblant de retraite et vint se réfugier derrière les murs. La journée n'était pas beaucoup avancée que le roi et sa fille étaient déjà de

retour au palais. Il n'y avait plus rien à faire, qu'à accepter les
derniers coups du destin.

Maymoûn, à la tête de cent 'ifrites, avait réussi à forcer la
défense des portes. Il fut bientôt au palais, mit en pièces les
lourds vantaux du poste de garde, gagna les appartements
royaux et s'empara du roi et de sa terrible fille.

Il les présenta à l'émir 'Ali qui contemplait avec dégoût les
lieux du carnage.

– Fille maudite ! lança-t-il : voici ton œuvre, ô toi qui toujours
voulus la guerre ! Mais la main de Dieu vous réservait ce soufflet,
à ton père et à toi !

Ce furent les 'ifrites qui les châtièrent l'un et l'autre. L'un
d'eux mit la main sur la princesse Hyacinthe, lui fit subir tous
les supplices auxquels s'entendent ceux de sa race ; puis, lui
assenant un formidable coup de sa masse d'armes, il lui détacha
la tête du reste du corps. Le roi son père subit peu après le même
traitement.

'Ali s'était empressé de mettre fin aux combats. Son premier
geste fut ensuite de récompenser sa vieille « mère », qui l'avait si
bien assisté de ses ruses : il lui fit apporter toutes les perles que
l'on trouva dans le palais.

Puis il convoqua Brin-de-Corail.

– Quel sort souhaites-tu te voir offrir ? lui demanda-t-il.

– Celui que tu m'as promis.

Il fit venir le Juge et les témoins, ordonna que l'on rédigeât un
contrat de mariage, et le soir même il pénétrait chez elle et était
reçu. Il la trouva pucelle et, les jeux de l'amour aidant, un sentiment de voluptueuse affection s'établit solidement entre eux. Il
procéda ainsi qu'il avait dit : il remit entre ses mains le pouvoir
royal et c'est elle qui régna sur l'île. Enfin il manda Maymoûn et
lui déclara :

– Je souhaite à présent que tu mettes mes frères au courant de
l'issue de mon aventure.

Maymoûn écouta, obéit ; et l'instant d'après il apprenait aux

frères du prince 'Ali ce que Dieu – qu'Il soit exalté, qu'Il soit glorifié ! – avait accordé à celui-ci. Voilà qui comblait les deux
frères. Ils remercièrent grandement le messager :

– Porte-lui nos salutations, embrasse ses deux mains en notre
nom et conjure-le de ne point nous oublier.

La commission fut faite exactement, et dans le bref délai que
l'on devine. Puis l'émir 'Ali – qui avait droit à présent au titre de
sultan – se rappela au souvenir de tous ceux qui l'avaient
hébergé, qui l'avaient aidé : l'admirable vieillard qui l'avait reçu
en sa maison, le droguiste devant l'échoppe duquel il aimait
venir bavarder, et tant d'autres. A chacun il adressa les plus
grandes marques d'honneur.

Enfin et surtout il s'efforça, sa vie durant, de faire parler en
lui et autour de lui l'équité, de peser d'une main légère sur le
destin de ses sujets et de réduire autant qu'il se pouvait, parmi
eux, les injustices – ce dont tous le remercièrent et l'aimèrent.
Ainsi vécut-il, heureux autant qu'on peut l'être, aux côtés de
Brin-de-Corail, sa belle et fidèle compagne, jusqu'à ce que les
vînt séparer Celle qui efface les plaisirs et disperse les assemblées.

La jeune et plaisante Hourra, toute nouvelle sultane en la ville de Baghdâd, naguère épouse répudiée d'un adorateur de Dieu qui lui avait préféré les voies du Ciel, en avait fini avec le conte dont elle avait tenu à régaler ensemble défenseurs des hommes et tenants de la cause des femmes.

— Je vous ai fait là, conclut-elle, le récit d'une longue aventure : celle de deux jeunes gens qui eurent à franchir bien des traverses avant de se pouvoir aimer, avant de se pouvoir unir. Et je l'ai fait fidèlement, d'après ce qui nous en a été rapporté. De tout ce que j'ai dit, que faut-il donc penser ? A chacun de répondre, hommes et femmes ensemble. Quant à nous, nous clamons : Louanges à Dieu en tout temps, en tout lieu ! Et que sur notre maître Mouhammad ainsi que sur sa famille s'étende la bénédiction de Dieu !

TABLE

Les Ruses des Femmes, Abd al-Rahîm al-Hawrânî, XIVᵉ siècle.

La Poésie arabe, des origines à nos jours, 1995.

AUX ÉDITIONS ALBIN MICHEL

Propos des Arabes sur la vie en société, 1964.

Nuits de noces, 'Abd al-Rahmâne al-Souyoûtî, 1988.

La Cuisine arabe, 1988.

Les Otages de l'imam, récit d'un témoin, Albin Michel, 1980.

CHEZ D'AUTRES ÉDITEURS

Propos d'amour des mystiques musulmans, Orante, 1960.

Nouvelles arabes, Seghers, 1964.

La Littérature arabe contemporaine, Bibliothèque de la Pléiade, Gallimard, 1977.

Djordjos, roman, Orante, 1977.

Mahomet mystique, al-Mounâwî, Orante, 1978.

Notices sur les auteurs arabes contemporains, dans *Dictionnaire des auteurs*, Laffont, 1980.

Le Fantastique et le Quotidien, Ahmad al-Qalyoûbî, Maisonneuve et Larose, 1981.

Initiation à l'arabe classique, Librairie Samuélian, 51, rue Monsieur-le-Prince, Paris, 1982.

Le Pouvoir et les Intellectuels, Ibn al-Mouqaffa', Maisonneuve et Larose, 1986.

Le Qoran (texte intégral), traduction sur la Vulgate arabe, Maisonneuve et Larose, 1990.

Contes du Liban (écrits directement en français), Orante, 1993.

Sindbad le Marin (adaptation pour la jeunesse), Casterman, 1993

Cet ouvrage
réalisé pour le compte des Éditions Phébus
a été mis en pages par In Folio,
reproduit et achevé d'imprimer
en juillet 1996
dans les ateliers de Normandie Roto Impressions S.A.
61250 Lonrai

Dépôt légal : mai 1996
I.S.B.N. : 2-85940-432-5
I.S.S.N. : 0150-4134